Wulf Ligges · Niederrhein

Wulf Ligges

Niederrhein

Text von Horst Morgenbrod

DuMont Buchverlag Köln

CIP – Kurztitelaufnahme der Deutschen Bibliothek

Ligges, Wulf:
Niederrhein/Wulf Ligges.
Text von Horst Morgenbrod.
Köln: DuMont, 1979.
ISBN 3-7701-1167-2

NE: Morgenbrod, Horst:

Reproduktionen: Helio Köln
Druck: EK-Offset, Riedstadt
Buchbinderische Verarbeitung: Hunke & Schröder, Iserlohn

Printed in Germany ISBN 3-7701-1167-2

Horst Morgenbrod · Niederrhein

Blauer Himmel über uns. Vor uns die Silhouette der Wasserburg Linn mit ihren gepflegten Anlagen. Wir lassen uns vom bunten Treiben des Flachsmarktes, seit ein paar Jahren schon Tradition, einfangen. Auf dem größten Handwerkermarkt Deutschlands zeigen mehr als 150 Handwerker und Künstler aus dem In- und Ausland in ihren historischen Kostümen ihr Können. Sie lassen ausgestorbene Berufe wieder lebendig werden: Küfer, Holzschuhmacher, Wagen- und Hufschmiede, Töpfer, Scherenschleifer, Zinngießer, Kerzenzieher, Korbflechter und viele andere. Hunderttausende aus nah und fern schauen sich das an. Bratwurstduft erfüllt die Luft und fröhliches Kindergeschrei. Uns fällt angesichts des bunten Treibens und dieser positiven Bilder der Text aus Schillers Glocke ein »Freude hat mir Gott gegeben..«. Aber Schiller hat auch Kassandra klagen lassen: »Freude war in Trojas Hallen«. Auch hier, in den Hallen von Burg Linn, rasten einst die Furien des Krieges, kamen Menschen elendiglich zu Tode. Die Ruinen lagen jahrhundertelang wie eine steingewordene Klage gegen die Unvernunft. Die heute von den Krefeldern und den niederrheinischen Heimatfreunden als »kostbares Kleinod« gepriesene Anlage mit dem kleinen Jagdschloß davor – von der nahen Autobahn Köln–Moers aus kurz vor der Krefelder Abfahrt rechterhand gut sichtbar gelegen, des Abends romantisch-verklärend mit Licht übergossen – diese Burg steht stellvertretend für alle niederrheinischen Denkmale: Alles kreist im ewigen Wechsel. Und jeder Wechsel schreckt den Glücklichen.

Das Glück war bislang am Niederrhein nur selten zu Gast. Erst heute, da wir die schönen Seiten des Niederrheins in Frieden und einigem Wohlstand erleben können, dämmert uns die Einsicht, daß dieser Zustand so etwas wie Glück sein könnte. Aber zu viele wissen nicht, daß sie glücklich sind. Nennen wir's also Zufriedenheit, und blättern wir einmal im niederrheinischen Geschichtsbuch zurück.

»Wer seine Heimat liebt, muß sie auch verstehen; wer sie aber verstehen will, muß überall in ihre Geschichte zu dringen versuchen« (Jakob Grimm). Altmeister Johann Wolfgang von Goethe sah das viel nüchterner als sein Zeitgenosse Grimm. Nach ihm ist »Geschichte schreiben eine Art, sich das Vergangene vom Halse zu schaffen«. In der Zeitspanne von den Römern bis zum Ende des Zweiten Weltkrieges erlebte der Niederrhein schreckliche Zeiten. Wer heute durch den Düsseldorfer Hofgarten spaziert, sich an den Wasserspielen im Benrather Schloßpark erfreut, im Naturpark Schwalm-Nette sein Trimm-Dich-Programm absolviert, im Klever Reichswald die Hirsche füttert oder an der Neusser Rheinpromenade sinnend auf der Wiese liegt und die Wölkchen am Himmel zählt, wer dieses Land der Mühlen und Seen, der Weiden und Pappelalleen malerisch in bunten Bildern vor sich sieht, der muß sich wahrlich »Erinnerungen vom Halse schaffen«, um im Sprachbild Goethes zu bleiben.

Finstere Zeiten zogen ihre blutigen Spuren durch das gepeinigte Land zwischen Rhein und Maas. Geschichte, das ist hierzulande nicht nur ein wohlig-erschauerndes Blättern in den Annalen der Grafen und Herzöge von Kleve, Geldern, Jülich und Berg, des Erzbischofs von Köln, Napoleons und der Preußen, Geschichte ist am Niederrhein vor allem Leid, Not und Tod der Bauern, Handwerker und Bürger über Jahrhunderte hinweg. Die Früchte des Fleißes der Niederrheiner, ob in Kalkar, Dinslaken oder andernorts, sind von den Mächtigen immer wieder in den Staub getreten worden. Der Mensch war ein »armer, lebendgehetzter, ewig hoffender, ewig getäuschter Tantalus« (Otto Ludwig). Krieg, Feuer und Pestilenz wüteten in dieser Landschaft zwischen Dormagen und Kranenburg, von Erkelenz bis Duisburg.

Plünderungen, Morde, Vergewaltigungen, Repressalien, es gab keine Morgenröte der Hoffnung, die Morgenröte war immer nur der Feuerschein des Elends.

Und keimte wirklich einmal Hoffnung auf ein paar friedvolle Jahre auf, dann brachen die Naturgewalten über das Land herein: Der Rhein brachte früher mehr Fluch als Segen über die Niederrheinlande. Seine reißenden Fluten bedrängten mit verheerender Wucht die Menschen und ihren Besitz. Heute ist er gebändigt, ist er der Schlüssel zu den Pforten unserer Wirtschaftsfreuden. Einst trennte er die Römer von den Germanen, auf seinen

Wassern kreuzten Handels- und Kriegsschiffe. Er ernährte die Anwohner mit seinem Fischreichtum. Heute ist er gar »Schiene«, Rheinschiene, geworden, weil er sich bündelt mit Eisenbahnlinien und Autobahnen – zur Fahrt in eine neue Hoffnung der Menschen.

Heute, an der Schwelle des dritten Jahrtausends nach Christi, scheint es so, als sei die niederrheinische Geschichte in eine Phase der Wiedergutmachung eingetreten. Unbedrängt von den historischen Landplagen bauen wir unsere Zukunft nach »Plan«, fassen Wirtschaftsregionen zu Planungseinheiten zusammen, und wäre nicht die Schicksalslehre der Ungewißheit, ob Kohle, Öl und Atom unseren Wohlstand zu garantieren imstande sind, käme wohl schon wieder Übermut übers Land. Übermut durch Vergessen von Erfahrungen.

Ungewißheit macht bescheiden und nährt Einsichten. Angesichts der andauernden Energiekrise und der ungleichen Wirtschaftsstruktur zwischen Kleve und Düsseldorf, zwischen Hamminkeln und Ratingen, mit teils hohen, teils gerade noch oder schon nicht mehr erträglichen Arbeitslosenquoten, werden Bürgerfleiß und Einfallsfülle der Niederrheiner abermals herausgefordert. Der Niederrhein steht in der Bewährungsprobe, den nach Jahrtausenden erstmals erworbenen wirtschaftlichen Wohlstand zu erhalten. Von »mehren« wagt kaum einer zu sprechen. Stadt und Land rücken wieder enger zusammen, entdecken ihre sich gegenseitig ergänzenden Funktionen aufs neue, kommen zur Arbeits- und Gebietsteilung von Freizeit und Produktion und verteilen nach besten Kräften ihre Gewinne und Lasten. Der Niederrhein gewinnt langsam die Konturen einer Einheit. Er blüht in Handel und Wandel.

Die Niederrheiner sind das erbbiologische Mixtum der verschiedensten Völkerschaften. Zuckmayer hat seinen Fliegergeneral Harras das so ausdrücken lassen: »Da war ein römischer Feldhauptmann, ein schwarzer Kerl, braun wie 'ne Olive, der hat einer blonden Germanin Latein beigebracht. Und dann kam ein jüdischer Gewürzhändler, der wurde Christ und gründete eine katholische Familie. Und dann kam ein griechischer Arzt dazu oder ein keltischer Legionär, ein Graubündner Landsknecht, ein schwedischer Reiter, ein Soldat Napoleons, ein desertierter Kosak, ein Schwarzwälder Flößer, ein wandernder Müllersbursch vom Elsaß, ein dicker Schiffer aus Holland, ein Pandur, ein Offizier aus Wien, ein französischer Schauspieler, ein böhmischer Musikant…« Sie alle haben am Niederrhein gelebt, gesoffen und Kinder gezeugt. Auch die Normannen gehören dazu, und die Spanier, von denen eine niederrheinische Orts-Chronik vermerkt, daß sie am 19. August 1592 während des spanisch-niederländischen Krieges »grausamen Schaden und Spott getan und viele Jungfrauen sehenden Auges geschändet«. Das alles wurde zum »Niederrheiner«.

Ein Unterpräfekt von Napoleon, sein Name ist leider nicht überliefert, beschrieb die Menschen des damals 20000 Einwohner umfassenden Fürstentums Moers: »Die Einwohner sind wahre Germanen. Die Frauen sind nicht so schön wie Griechinnen und Französinnen. Die Leute sind sehr phlegmatisch, aber von Natur aus gut, das kommt daher, weil sie so viel Tee, Bier und Butter genießen und auch viel rauchen. Es kommt aber auch von dem vielen Nebel. Die Einwohner sind moralisch, sie halten ihr Wort und die Ehe heilig, wenig Ehescheidungen in den Städten, keine auf dem Lande. Sie helfen den Armen und trocknen deren Tränen. Zu bedauern ist, daß die Männer sich so gern fern von der Gesellschaft der Damen halten, deshalb sind sie so hart, grob und barbarisch. Sie bringen ihre Mußen in Kneipen und angeblichen Lesekabinetten zu, wo sie rauchen, trinken und Karten spielen, während die Frauen sich ausschließlich dem Hauswesen hingeben und die Kunst des Gefallens wie die schönen Künste vernachlässigen«. – Er war ein guter Beobachter, dieser unbekannte Franzose, und die Bezüge seines Sittengemäldes reichen bis in unsere Gegenwart.

Was uns der niederrheinische Federzeichner Jan de Beyer (1703–1785), der in Emmerich die Lateinschule besuchte, in Zeichnungen, Aquarellen und Stichen malerisch beschrieb, hielt der Engländer S. K. Jackson Pratt 1780 bei einer Reise von Holland nach Westfalen als niederrheinische Impression fest: »So reich an Schönheit ist das Land auf jeder Seite, am meisten in den abgelegenen Winkeln, die kein Reisender besucht und wo eben darum die stille bescheidene Natur sich am meisten zu gefallen scheint«.

Wer an einem milden Tag die Zeitlosigkeit an den Ufern eines Altrheinarmes bei Bienen oder Xanten erlebt, sich in Rees beim Anblick des breiten Stromes und der romantischen Uferpromenade zum Meditieren verleiten läßt, vom Eltenberg auf das Rheinstromtal blickt oder auf den Wällen von Schloß Rheydt dem Gang der Geschichte nachsinnt, der vermag die Poesie des Engländers Pratt auch 200 Jahre später noch zu empfinden.

Gewiß, es gibt auch die anderen Seiten, damals wie heute. In Rheinhausen sind die (die Steuerkassen füllenden) Luftverschmutzer am Werk, ebenso in Duisburg und Walsum. Und in Kalkar wird beim Betrachten des Bauwerks Schneller Brüter der kaum lösbare Konflikt zwischen Umweltschutz und Wirtschaftsförderung zum Wohle der Menschen sichtbar.

Doch haben die landschaftlichen Reize des Niederrheins die Jahrhunderte überdauert. Wer Augen hat, der sehe und empfinde ... Ein großer Künstler aber ist offenbar mit geschlossenen Augen, unangerührt und stummen Herzens durch unsere Auen geeilt: Albrecht Dürer. Goethe schrieb später fast Überschwengliches über seine Erlebnisse in Düsseldorf, Dürer aber blieb im Netz der fränkischen Kargheit, für ihn war der Niederrhein auf seiner Reise in die Niederlande nur ›Station‹. Wir zitieren aus seinem Tagebuch: »Von Cöln fuhr ich auf dem Rhein gegen Suns [Zons]. Von Suns gen Nays [Neuss], von dannen zum Stain [?], da lagen wir den ganzen Tag, verzehrt ich sechs Weißpfennig. Von dannen gen Kaiserswördt, von dannen gen Dasperg [Duisburg]«. Das ist alles. Nichts von Poesie, nichts von malerischem Empfinden.

Wenn jedoch eine andere Überlieferung stimmt, die ich in einer Schermbecker Chronik fand, dann kann ich Albrecht Dürer die Eilfertigkeit nicht verdenken, mit der er durch unsere Gegend fuhr. So soll es im Mittelalter im Augustinerkloster in Rom ein berüchtigtes »niederrheinisches Gebet« gegeben haben: »Orate pro fratribus nostris Beylarensibus«, was so viel heißt wie »Betet für unsere Brüder in Beylar« – und Beylar ist jene Gemarkung, auf der das berühmte Kloster Marienthal (bei Brünen) steht, beziehungsweise stand. Der Zusatz der frommen Brüder in Rom »Ne devorentur a lupis« kann frei wie folgt übersetzt werden: »... damit sie nicht von den Wölfen verschlungen werden«. Allzuoft war es passiert, daß man in Rom vergeblich auf die Brüder von Beylar gewartet hatte. Ob allerdings Wölfe den Wald von Brünen unsicher machten oder ob dies eher eine fromme Mär ist und die lieben Brüder unterwegs von zweibeinigen Räubern um Pfaffensäckel und Leben gebracht wurden, diese Frage muß unbeantwortet im Dickicht der Geschichte stehenbleiben.

Des Zweigehörnten lieblicher Übermut

»Nur am Rheine, da möchte ich leben, nur am Rheine geboren sein« hat uns die Kölner Frohnatur Willi Ostermann als karnevalistisches Glaubensbekenntnis hinterlassen. Der Germanist Karl Simrock warnte dagegen in der Mitte des vorigen Jahrhunderts die deutsche Jugend vor dem Rhein-Virus und mahnte: »Mein Sohn, ich rat' Dir gut, zieh' nicht an den Rhein, da geht Dir das Leben zu lieblich ein, da blüht Dir zu freudig der Mut!« Die Herren können keinesfalls den Niederrhein gemeint haben, jenen urigen Stromer, den schon der Römer Vergil kurz vor der Zeitenwende vieldeutig »Rhenus bicornis«, den Zweigehörnten, nannte, weil er sich an der Insel der Bataver in Rhein und Waal teilte. Jahrhunderte hat er sich wie ein bocksbeiniger, kraftschäumender Unhold durch unsere Lande gewälzt, ständig das Bett wechselnd, Felder und Dörfer verschlingend und die Feinde auf seinem Rücken herantragend. Offensichtlich hat er sich auf seiner 1320 Kilometer langen Reise von der Quelle bis zur Mündung unterwegs (wohl an den pfälzischen Rebhängen) jenen von den Dichtern und Sängern beschriebenen »lieblichen Übermut« angetrunken, der ihn am Niederrhein nur noch wie einen promillegeladenen Amokfahrer durch die Lande brausen läßt. Heute, da alles fein säuberlich reguliert ist und wir ›Hochwasser‹ bereits als freundliches Schauspiel der Natur bewundern, ist kaum noch vorstellbar, wie launisch, wie gewalttätig er sich einstmals gebärdete.

Seit über dreitausend Jahren sind seine Flußniederungen besiedelt, 500 000 Jahre zählt seine eiszeitliche Urgeschichte; die ersten Urkunden über ihn stammen aus der Zeit vor zweitausend Jahren. Er war die Lebensader für das Wohl und Wehe der Städte. Kleve, Neuss, Xanten, Kalkar, Rheinberg und andere, sie alle lagen einmal direkt am

Rhein und büßten in Mark und Pfennig, wenn er sich grollend von ihnen wandte. Haus Bürgel, das ehemalige römische Kastell, 3,5 Kilometer südlich von Düsseldorf, lag – wie mancher Ort am Niederrhein – einst auf der linken Rheinseite. Auch Niedermörmter (bei Rees) hat auf diese Weise sein ›rechts‹ in ›links‹ geändert. Als ›Niederrhein‹ kannte der Rhein früher »kein Ziel, nur eine Richtung«, wie die Chronisten aus dem Mittelalter berichten.

Er war in unserer Region die breite, schwer bezwingbare Wasserscheide zwischen Rom und Germanien, Napoleons größtes Hindernis auf seinem Siegeszug nach Preußen und für die Alliierten des Zweiten Weltkriegs die letzte Barriere auf ihrem Eroberungsmarsch an die Elbe. Seine Anwohner lebten einst von seinem Fischreichtum, nutzten ihn als Wirtschaftsweg – mußten dafür aber auch seine zerstörerischen Launen ertragen und den tödlichen Nachteil in Kauf nehmen, daß immer wieder Feinde seine Ufer bedrängten. Vor gut 200 Jahren erließ Preußen ein ›Erneuertes Teich-Schau-Graben- und Schleusen-Reglement für das Herzogtum Cleve‹, das die Anwohner verpflichtete, sich an den Kosten für die Deiche zu beteiligen. Solche Gebote und Gesetze gab es immer wieder. Aber wie wenig diese über Jahrhunderte hinweg betriebene Gemeinschaftsaufgabe das Verhalten des Rheins zu verändern vermochte, das können wir in einer alten Grietherbuscher Chronik aus dem Jahre 1861 nachlesen: »Das Treibeis kam vom Oberrhein und staute sich unterhalb von Emmerich. Durch das dadurch verursachte Hochwasser lösten sich die Eisblöcke und trieben auf die Häuser zu. Diese zerbrachen wie Kartenhäuser, die Menschen schrien in Todesangst, die ganze Nacht hindurch...«

52 Jahre vorher, im Jahre 1809, hatte ein Hochwasser die Dämme bei Emmerich durchbrochen – eine gewisse Johanna Sebus, von Goethe in einem Gedicht verewigt, ertrank bei dem Versuch, eine Mutter mit drei Kindern zu retten.

Im 16. Jahrhundert überfluteten die Wasser des Niederrheins das Dorf Sulen, das gleiche Schicksal erlitt Reenen (bei Haffen). Mitte des 17. Jahrhunderts beschreibt Hermann Spaen, Pfarrer in Praest, in dürren Worten die Wassernot: »Nachdem unsere Kirche wegen des Rheins von Rosau nach Aldenzuelen verlegt worden war, ist sie unter Pastor Heinrich Roost wiederum weg von Aldenzuelen nach Praest verlegt woden...«

Heute ist der Peiniger gezähmt, eingedämmt, zivilisiert. Seine Willkür ist gebrochen. Die Bewohner zwangen ihn zu einem ordentlichen Lebenswandel und umwoben ihn mit sagenhaften Geschichten. Sie reichen vom Rheingoldschatz der Nibelungen bis zur Loreley. Der Niederrhein revanchiert sich für solche Freundlichkeiten ab und zu und gibt Stück um Stück seiner Vergangenheit frei: mal ein altes Römerschiff, mal einen Topf mit Knochenresten aus der Steinzeit, mal ein fränkisches Schwert. Nur das Rheingold behält er (vorerst) noch, dafür hat er mit seinem Kiesreichtum die Bilanzen mancher Firmen vergoldet.

Sein früherer Fischreichtum aber scheint für immer dahin. Vorbei die Zeiten, da den Mägden auf den Höfen noch per Dienstvertrag auferlegt wurde, mehrmals in der Woche Salm zu essen. Der Lachs im Rhein ist nur noch wehmütige Erinnerung. Auch Aale, Störe, Karpfen und Schleien sind in den giftigen Abwässern umgekommen, und wer dies schlängelnd überlebte, den fraß das Salz der Industrien. In Urkunden der Altenberger Mönche lesen wir (1664), daß sie bei Monheim an die Bürger Arnold Kirchoff und Barthel Bauer die Fischerei »vom Ufer bis zur Strommitte« verpachteten und dafür jährlich 300 Pfund Fische, wie Hechte, Aale, Salme, Karpfen, Barsche, Barben und Weißfische als Pachtzins zu bekommen hatten.

Der Düsseldorfer Heinrich Heine hat noch 1838 das »schöne Fischermädchen« besungen. Heute säße auch er trauernd am Altrhein, das Fischermädchen vergeblich suchend und vielleicht Faust und Homer rezitierend: »Laßt Vergangenes vergangen sein«. Wir haben den Fischreichtum gegen den Wohlstand eingetauscht. Die »emittierende Industrie« ermöglicht es uns, zum Wochenendvergnügen an den Rhein zu fahren – mit dem Auto, mit Wohnmobilen, mit Sport- und Segelbooten.

Geblieben sind uns lauschige Fleckchen, Naturschutzgebiete, Reservate für seltene Wasservögel. Die Wissenschaft hat sich der letzten »Feuchtgebiete im europäischen Lebensraum« angenommen. In Grietherbusch sitzt eine Außenstelle des Instituts für Zoologie der Universität Köln und beobachtet seit 1971 die wasserbiologischen Verhältnisse, studiert die Süßwassertierwelt und die Lebensart der letzten Steinkäuze. Die

Natur wurde unter Schutz gestellt: Enten, Gänse, Reiher, Möwen, Austernfischer, Schnepfen, Haubentaucher, Wasserhühner, gar ein rarer Fischadler oder schneller Eisvogel – viele Vogelfreunde in ornithologischen Vereinen halten bewahrend die Hände über die letzten Brutstätten. Der ›alte klare‹ Rhein hat sich in die Büsche verkrochen und dem Naturschutz unterworfen – als Altrhein bei Griethausen-Bimmen, bei Bienen-Praest, bei Rees, als Bislicher Insel, Griemlinghauser Benden, Himmelgeister Regenbogen, Zonser Grind, Urdenbacher Benden und Zonser Auel. Aus dem Rheinfall bei Schaffhausen ist am Niederrhein ein ›Fall Rhein‹ der Ökologen geworden. »Wenn das Wasser im Rhein gold'ner Wein wär...« Ach ja, das ist ein treffendes Gleichnis, denn unser Wein ist heute auch nicht mehr der alte.

Heine, Goethe und ein gewisser Herr Duden

Das Land am Niederrhein hat die Maler und Zeichner immer wieder fasziniert, die modernen Mittel der Fototechnik bringen die Kunst der naturgetreuen Wiedergabe auch den Amateuren nahe. Ein unbekannter Zeichner fertigte um 1660 eine Karte des Herzogtums Kleve an, in der er den Städten dieses Landes jene Attribute verlieh, die ihren damaligen öffentlichen Wert (heute würden wir wohl ›Image‹ sagen) verraten: das ›adelige‹ Kleve, das ›starke‹ Wesel, das ›bürgerliche‹ Kalkar, das ›heilige‹ Xanten, das ›wohlhabende‹ Rees. Was ist den Städten von ihrem Ruf geblieben? Wir schauen sie uns an, durchstreifen ihre Geschichte, stöbern ein wenig in ihrem Psychogramm und prüfen, was aus ihnen zu werden verspricht. Natürlich schließen wir dabei auch die anderen Städte mit ein: das modische, leicht-beherzte Düsseldorf, die grüne Stahlstadt Duisburg, die Samt- und Seidenstadt Krefeld, die Stadt, die fest auf ihren (Fußball-)Beinen steht – Mönchengladbach. Und Erkelenz, Moers und andere mehr.

Beim Stelldichein mit der Geschichte am Niederrhein begegnen wir berühmten, ab und zu auch berüchtigten Gestalten ihrer Zeit. Auf Schloß Moyland bei Kalkar, heute nur noch eine imposante Ruine, begegneten sich Friedrich d. Gr. und Voltaire – und machten sich gegenseitig das Leben schwer. Jahre zuvor hatte der König als Kronprinz in Wesel eine lebensbedrohende Situation zu durchstehen. Erbost über die Fahnenflucht seines Sohnes, hätte ihn Friedrich Wilhelm, der Soldatenkönig, fast mit dem Degen durchbohrt. – Hat sich der Haudegen Marschall Blücher in Schermbeck duelliert oder nicht? Die Schermbecker hätten gerne, daß diese Geschichte wahr sei. Aber wie das beweisen? Bewiesen ist jedoch, was und mit wem es das flotte Käthchen von Emmerich in der zweiten Hälfte des 17. Jahrhunderts so trieb. Die bildhübsche Tochter des Rheinschiffers Rickers heiratete den Grafen von Wartenberg. Der nahm sie mit nach Berlin und segnete das Zeitliche. Käthchen ›flippte aus‹, so würden wir heute sagen, überlebte mehrere Ehemänner, und in ihren in Emmerich mit gruselndem Behagen erzählten Bettgeschichten kommt auch der junge König von Preußen vor. Von den Gemälden des Schlößchens Borghees in Emmerich lächelt Käthchen wissend herab.

Freiherr vom Stein, 1788–1794 Präsident der ›Kriegs- und Domänenkammer‹ in Kleve, formulierte jenen Satz, der den Sinn des Selbstverwaltungsrechtes der Gemeinden umfaßt: »Der Wohlstand der Gemeinde ist die Summe des Wohlstandes ihrer Bürger«. Das heißt auch: Wer über das Wohl der Gemeinde bestimmt, riskiert seinen eigenen Wohlstand. Und warum es gut sei, wenn es nicht gerade die Habenichtse sind, die im Gemeinderat sitzen, begründete vom Stein so: »Wer nichts zu verlieren hat, wird alles riskieren«. So einfach drückt sich kommunale Lebensweisheit aus.

Auch die Weseler hatten (mindestens) einen klugen Sohn in ihren Mauern: Konrad Duden, den Vater der deutschen Rechtschreibung. Sein Lehrer schrieb damals unter das Abiturzeugnis des jungen Duden: »Sein deutscher Stil ist korrekt und zeugt von Nachdenken, die Kenntnis der Literatur ist befriedigend«. Die philosophischen Neigungen des großen Rechtschreibers drückten sich im Thema seines Abituraufsatzes aus: ›Die Widerwärtigkeiten sind die besten Pflegerinnen unendlicher Tugend‹.

Begegnungen mit bedeutenden Persönlichkeiten – dazu zählt auch das Treffen Goethes mit Düsseldorfer Künstlern, mit den Brüdern Jacobi, mit Mendelssohn, mit Peter Melchior und Heinrich Heine. Am 2. Oktober 1824 kommt es zu einem Gespräch zwischen Goethe und dem Dichter – doch beide blieben sich im Innersten fremd.

Kaiser, Könige, Dichter, Maler, Musiker – überall stoßen wir auf ihre Spuren und auf das, was uns über ihre Besuche am Niederrhein überliefert wurde. Große Baumeister sprechen uns heute noch in ihren Werken an, berühmte Schlösser und Burgen – wie Benrath, Dyck, Diersfordt, Kalkum, Krickenbeck, Moyland, Myllendonk, Rheydt, Ringenberg, Walbeck, Wickrath und Wissen – sowie Dome und Kirchen sind aus den alles verschlingenden Feuerstürmen des letzten Krieges wieder auferstanden, restauriert oder als Ruine ›instand gesetzt‹. Ihre Kunstgeschichte finden wir in Willehad Paul Eckerts Reiseführer ›Der Niederrhein – Das Land und seine Städte, Burgen und Kirchen‹ ausführlich und eindrucksvoll beschrieben.

Ich aber lade Sie jetzt ein zum Spaziergang durch die Städte des Niederrheins, und wenn wir dabei die Tore zur Vergangenheit weit aufstoßen, haben wir ein Wort Friedrich Sieburgs im Sinn, das er in Düsseldorf schrieb: »Aber solange eine Stadt lebendig ist und wächst, leben die Toten mit ihr, geben ihr Nachdenklichkeit und das Maß, dessen wir Sterblichen bedürfen, um das Irdische zu gestalten, ohne uns gänzlich ihm zu verlieren«.

War der Neandertaler vielleicht ein Kölner?

Rheinische Lebensart – was ist das? Wilhelm Marx, um 1900 Bürgermeister der Stadt Düsseldorf, schlenderte eines Tages durch den Hofgarten. Er traf auf eine Gruppe Gartenarbeiter und redete sie jovial an: »Wat krett Ihr denn de Stond?« Einer der Männer von Spaten und Hacke antwortete: »Ee Kastemännche«. Das war eine winzige Münze im Wert von 25 Pfennig. Darauf das Stadtoberhaupt: »Dat es äwer nit völl«. Antwortete der Gartenarbeiter: »Mer dont jo och net völl«. – Die Düsseldorfer hatten schon immer ein besonderes Geschick, ihren Fleiß mit einer Lebensart zu verquicken, die Arbeitslust und Lebensart nicht allzu scharf voneinander trennte.

Düsseldorf ist eine prächtige Stadt. Wir denken an den Hofgarten, an Schloß Benrath, an Karneval, Schneider Wibbel, Heinrich Heine, Königsallee und Thyssen-Hochhaus, an Altstadt, alte Kaiserpfalz in Kaiserswerth, neue U-Bahn und Landtag im Ständehaus am Schwanenspiegel. Es gibt ein treffendes Wort über das Verhältnis der Düsseldorfer zu den sie umgebenden Niederrheinern, das an Jan Wellem, den unvergessenen und unvergeßlichen fürstlichen Lebenskünstler und an seine pfälzischen Nachfahren erinnert: »Die fröhliche Pfalz brachte einen Schuß Champagner in die Nüchternheit des Niederrheins«. Das perlt und quirlt auch heute noch. Der Lady unter den deutschen Großstädten wird ein Lebenswandel nachgesagt, von – na, sagen wir mal – ebenso leichter wie charmanter Art. Und noch ein Gleichnis, das der Düsseldorfer nicht ungern hört: Ein Düsseldorfer fragt morgens beim Aufstehen nicht »Was tun wir heute?«, er fragt »Wo gehen wir heute abend hin?« In die Altstadt natürlich, jene längste Theke der Welt, wo das Altbier in Strömen fließt, ein Markt der Möglichkeiten für Jugend und Mittelalter, eine exotisch-erotische Welt, die die Schattenseiten des Alltags verdrängt und die Illusion vermittelt, eigentlich sei ja alles ganz anders: schöner, beschwingter, an- und aufregender.

Die Hauptstadt des Niederrheins und des Landes Nordrhein-Westfalens hat als ›Schreibtisch des Ruhrgebiets‹, wie die Ballung der vielen Hauptverwaltungen namhafter Industrie-Unternehmungen in einem Anflug von Wirtschaftspoesie genannt wird, natürlich auch ihr ernstes Gesicht, das die Falten im Antlitz der Lady, die Düsseldorf heißt, zeigt: Schwindende Einwohnerzahlen, zu wenig kostengünstige Wohnungen und Eigenheime, Verkehrsengpässe durch große Pendlerströme (die allmorgendliche Verkehrsdurchsage ist den Düsseldorfern als ›Anti‹-Werbefunk für ihre Stadt ein ständiges Ärgernis) und zu wenig Raum für Betriebserweiterungen oder Neuansiedlungen von Firmen. Mehr als je zuvor in seiner Geschichte ist Düsseldorf auf gutes Zusammenleben mit seinen Nachbarn, vor allem mit den Kreisen Neuss und Mettmann, angewiesen, da es dort noch genügend Wohn- und Industrieflächen für ›Düsseldorf‹ gibt.

Die Stadt hat in ihrer Historie auch eine kräftige Strähne verpaßter Gelegenheiten und Verluste, wenngleich es in Düsseldorf – so im rheinischen Brauchtums-Brevier nachzulesen – eigentlich keine verpaßten Gelegenheiten gibt; der Rheinländer findet immer einen Grund zum Feiern. Unwiederbringlich für Düsseldorf verloren ist die einst von Jan Wellem eingerichtete Gemäldegalerie mit Werken von Rubens und anderer Flamen und Holländer; wesentliche Bestandteile dieser Sammlung sind heute in der Alten Pinakothek in München zu sehen. Ärgerlich für die Stadtgeschichte war außerdem, daß der Nachfolger Jan Wellems seine Residenz zurück nach Baden verlegte. Düsseldorf blieb zwar bergische Hauptstadt – aber was war das gegen den Glanz eines fürstlichen Hofes? Eine der dunkelsten Stunden in der zweiten Hälfte des vorigen Jahrhunderts war jene Nacht im Jahre 1872, als das alte Schloß am Rheinufer niederbrannte. Nur der Schloßturm, von den Düsseldorfern seitdem wie ein Augapfel gehütet und mit vielen Geschichten und Anekdoten umwoben, überdauerte. Verpaßt wurde vor einigen Jahren auch die Gelegenheit, bei der kommunalen Neuordnung jene Flächen und Nachbarorte dazu zu gewinnen, die der Kraft zur wirtschaftlichen Expansion der Stadt räumlich das Feld gegeben hätten.

Doch was zählt das alles gegen das, was Düsseldorf sonst ausmacht! Vor dem Rathaus, mitten in der Altstadt, steht das Denkmal des Jan Wellem (1679–1716), jenes großen Sohnes dieser Stadt, von dem die Stadtoberen heute nur noch in Liebe und Ehrfurcht sprechen. Dieser ›Stadtheilige‹ hatte aber auch sehr weltliche Züge, und manche Düsseldorfer stellen vor dem Denkmal die frivole Frage, wieso denn Jan Wellem angesichts seiner Vorliebe für schöne Frauen und dicke Geldsäcke eigentlich auf einem Pferd sitze? Er hat der Stadt 300 000 Dukaten Schulden hinterlassen, ein Schuldenstock wäre als Sitzgelegenheit angemessener gewesen. Doch für die Menschen in den Städten und Staaten zählt weniger die Moral des Verblichenen; kraftvolle Originalität, auch auf Kosten anderer, war schon immer weit mehr geeignet, den Nachruhm zu sichern. Neben Jan Wellem und Schneider Wibbel, der sich selbst beerdigte, um seinen Häschern zu entkommen, ist Heinrich Heine der dritte große Sohn dieser Stadt. Die Düsseldorfer lieben ihn – und leiden mit ihm. Manch einer hat des Dichters Vorliebe für den Franzosenkaiser Napoleon eigentlich nie ganz verziehen, aber er war ja auch ›gegen Preußen‹. Und das machte ihn wieder sympathisch, denn an die Preußen erinnern zwar großartige Bauten – wie zum Beispiel das Palais des Regierungspräsidenten an der Cecilienallee und das Ständehaus am Schwanenspiegel, dem Sitz des Landtags – aber es war und blieb immer ein großes rheinisches Ärgernis in Düsseldorf, von der ›Kolonie Berlin‹ aus regiert zu werden. Die Hohenzollern wußten mit den selbstbewußten, leichtlebigen Düsseldorfern nie so recht etwas anzufangen, sie hatten zudem ihr ganz besonderes Schlüsselerlebnis mit der späteren »Tochter Europas«: Als der preußische König nach dem Dombaufest in Köln am 15. August 1848 durch die Kastanienallee, die heutige Kö, ritt, wurde er von einem unbekannten Düsseldorfer mit Pferdeäpfeln beworfen. Grimmig-vergnüglich schrieb ein Düsseldorfer Chronist: »Seit dieser Majestätsbeleidigung sind die Hohenzollern auf die Düsseldorfer nicht gut zu sprechen – und umgekehrt«.

Heute ist Düsseldorf wieder ›Residenz‹ – es wurde nach dem Zweiten Weltkrieg von der englischen Besatzungsmacht zur Hauptstadt des neugeschaffenen Landes Nordrhein-Westfalen erhoben. Die Kölner haben den Bischof und den Rundfunk, die Düsseldorfer den Landtag. Die Rivalität ist trotz dieser Aufgabenteilung ungebrochen. Bei einer Begegnung auf der ›Gesolei‹, der großen Wirtschaftsausstellung in den zwanziger Jahren im Ehrenhof am Rhein, trafen sich der damalige Kölner Oberbürgermeister Konrad Adenauer und sein Düsseldorfer Amtsbruder, Robert Lehr. Sie standen vor der Figur des Neandertalers. Lehr zu Adenauer: »Der erste Düsseldorfer, der in seine Heimat zurückgekehrt ist«. Adenauer widersprach: »Nein, der erste Kölner, er hatte sich lediglich ins Tal der Düssel verlaufen und hat nicht nach Köln zurückgefunden.« Lehr, wie sinnend: »Der erste Kölner? Das kann stimmen, man sieht es an dem großen Maul.« So enthüllt sich die Psychologie des Miteinanders in wenigen Worten. Die Kölner rächen sich im Karneval für Düsseldorfer Vorwitz mit kräftigen Scherzen von Tünnes und Schäl über die ›tumben Düsseldorfer‹. Im Unterschied zwischen ›Helau‹ und ›Alaaf‹ offenbart sich eher rheinische als niederrheinische Vergangenheit. Narren sind sie alle: die, die es scheinen, und die Hälfte derer, die es nicht scheinen. Sagt Schopenhauer.

Dem heiligen Mann auf den Daumen geklopft

In Ratingen verlieren sich die letzten Hügel des Bergischen Landes in die Rheinebene. Zwei Seelen wohnen, ach, in dieser Brust: eine bergische (von der Geschichte her) und eine niederrheinische (durch die engen Wohn- und Wirtschaftsbeziehungen zu Düsseldorf). Ratingen ist eine stolze Stadt. »Wir waren schon Stadt, als Düsseldorf nur ein kleines Dörfchen an der Düssel war«, sagen sie. Und Ratingens ›Dumeklemmer‹ sind viel älter als die Düsseldorfer Radschläger.

Im Jahre 713, so erzählt die Sage, kam der heilige Suitbertus nach Ratingen, um den Heiden das Christentum zu bringen. Die aber waren »von hartnäckigem und barbarischem Sinn« und schlugen dem heiligen Mann das Stadttor vor der Nase zu. Dabei klemmte er sich den Daumen ein. Als Gott das sah, erzürnte er gar fürchterlich. Seitdem kommen alle Ratinger mit einem platten Daumen zur Welt. Sie sind für alle Zeiten ›Dumeklemmer‹.

Zeitweilig waren die Ratinger tatsächlich ›barbarisch‹. Hier trieb der berüchtigte Richter Wilhelm von Hammerstein sein Unwesen, sein religiöser Wahn kostete viele ›Hexen‹ das Leben. Aber gegenläufig wohnte hier auch ein gewisser Friedrich von Spee, Verfasser der ›Trutznachtigall‹, ein scharfer Bekämpfer des Hexenwahns. Das ›Trutz‹ hat sich die Stadt bewahrt. Dies spiegelt sich nicht nur im Rathaus, das wie eine feste Burg an der Stadtmauer lehnt. Ratingen ruht fest und selbstbewußt in seiner nahezu tausendjährigen Tradition. Sein Stadtbild mit dem idyllisch-akkuraten Marktplatz und Brunnen, den farbenfrohen Häuserfassaden und der heimeligen Einkaufsstraße lockten die Nachbarn an, selbst die Düsseldorfer kommen in Scharen.

Die Naturbühne am Blauen See, ein Freilichttheater mit alljährlichem Indianer- und Wildwest-Spektakel, die romantische Wasserburg ›Haus zum Haus‹ und die Minidomm-Anlage in Breitscheid sind Drei-Sterne-Zeichen in der Touristik. Zugegeben: In Ratingen-Eckamp, der ›Wohnburg‹ für Zehntausende, hat die Neuzeit architektonisch ihre der Gemütlichkeit so abholden Züge gezeigt. Aber solche Bausünden finden sich auch andernorts. Der Reiz der lebens- und liebenswerten, in voller Wirtschaftskraft pulsierenden Stadt Ratingen hat dadurch nur unwesentlich verloren.

Sie setzen auf den Herrgott und nicht auf seine Werke

Über die Neusser gibt es viele Geschichten. Ihr urwüchsiges Selbstverständnis, die »besondere Qualität ihres bürgerschaftlichen Zusammenlebens«, wie es der Historiker und Archäologe Dr. Christoph-Bernhard Rüger (Bonn) einmal nannte, machte die Neusser zu den ›Bayern am Niederrhein‹. Im Rathaus freut man sich über diesen bayerischen Status und hört das auch recht gerne. Um mit dem Düsseldorfer Heinrich Heine zu sprechen: »In Neuss ist noch längst nicht alles tot, was begraben ist«. Ich kenne keine Stadt am Niederrhein, die so mit und in ihrer Vergangenheit lebt wie Neuss. Vor den Zerstörungen des Zweiten Weltkrieges stand noch über manchem Haus der Spruch: »Bleib wie Du heute bist, der Himmel Dir dann sicher ist«. Der Neusser lebt inniglich in der Identität mit sich selbst.

Das unlängst restaurierte und in ein Stadtgeschichtliches Museum umgebaute Obertor, »der größte erhaltene mittelalterliche rheinische Torbau am Niederrhein«, wie der offizielle Superlativ für dieses trutzige Bollwerk lautet, symbolisiert die Verbindung des Gestern mit dem Heute in eindrucksvoller Weise. Die Liebe, mit der die Neusser ihr Quirinus-Münster, ihr Zeughaus, ihren Markt, ihr Rathaus und all die anderen steinernen Zeugnisse aus großer Zeit pflegen und beleben, hat Methode. Neben dieses Obertor und baulich direkt mit ihm verbunden, setzten die Neusser demonstrativ ihr modernes, fast avantgardistisch anzusehendes Clemens-Sels-Museum, auf diese Weise sinnbildlich daran erinnerd, daß sich der Bogen vom Gestern über das Heute zum Morgen schlagen muß.

Der Wesenskern der Neusser besteht aus einer traditionsreichen, bewußten Bürgerlichkeit, im trotzigen Zusammenstehen gegen Gefahren von außen. Im Jahre 1475 schlug dafür die Stunde der Bewährung. Vor den Mauern der Stadt stand der Burgunderherzog Karl der Kühne mit einem großen Heer, er wollte Neuss im Handstreich nehmen – später dann Köln. Die Neusser machten damals europäische Geschichte. In einem Abwehrkampf, den der Neusser Historiker Christian Wierstraet in einem Heldenepos verewigte, lehrten sie den Burgunderherzog das Fürchten. Aber beinahe wäre ihnen – trotz Unterstützung von Kölner Hilfstruppen – dann doch die Puste ausgegangen. Die Verluste waren schrecklich. Tod und Elend wüteten in der belagerten Stadt. Da endlich nahte das Entsatzheer des deutschen Kaisers. Das unbesiegte Neuss war befreit. Dies war der Anfang vom Ende des Traums eines burgundischen Reiches. Daß die Düsseldorfer damals die Belagerer mit Verpflegung belieferten, ist in Neuss bis heute unvergessen.

Düsseldorf und Neuss – mal ärgern sie einander, mal überwiegt die Einsicht, daß man sich gegenseitig braucht. »Was wollen Sie, wenn man kleiner als der andere ist, muß man etwas lauter bellen«, mit diesen Worten umschrieb ein Neusser Beigeordneter treffend die Situation. Und sie bellen kräftig, die Neusser; so setzten sie den modebewußten Düsseldorfern im Rheinvorland, und schön von drüben zu sehen, ein Modezentrum vor die Nase, das den Düsseldorfern keine Zeit zum Ärgern läßt, sondern sie zu kräftigem Wettbewerb zwingt. Der Neusser Hafen schlägt jährlich mehr Millionen Tonnen um als der Düsseldorfer. In Neuss findet die größte Blumenversteigerung des Rheinlands statt, es hat das größte Schützenfest zwischen Köln und Elten – und neben Düsseldorf die internationalste Mischung von Industriebetrieben am Niederrhein. Die Stadt hat nur den vierten Teil der Einwohner von Düsseldorf, aber sie wirkt größer, als sie eigentlich ist.

Schon in römischer Zeit war Neuss ein wichtiger Handels- und Garnisonsort. Fast 1200 Jahre lang unterstand es den Kölner Erzbischöfen. Dieser Kölner Kulturkreis hat die Neusser nachhaltig beeinflußt. Und der ›Himmel‹ spielt dabei bis heute eine große Rolle. In Neuss hört man philosophische Sprüche darüber, zum Beispiel: »Der katholische Rheinländer trägt seinen Himmel immer bei sich«. Oder: »Der Rheinländer setzt auf den Herrgott und nicht auf seine Werke«. Dieses sich a priori ›Im Stande der Gnade fühlen‹, das haben am Niederrhein nur die Neusser. Weiter südlich noch die Kölner – und die Bonner. »Wir haben Kultur«, sagen die Neusser über sich selbst. Düsseldorf, das ist für sie nur ›Zivilisation‹.

Neuss hat sich aus diesem Selbstverständnis heraus zu einer führenden Kraft in der niederrheinischen Region entwickelt. Es macht eine ›Außenpolitik‹, die auf Düsseldorf ebenso setzt wie auf die historischen Beziehungen zu den Niederlanden und nach Belgien hin. Nach innen erhält sich Neuss den Einkaufswert ›schmucke Innenstadt‹, vor den Toren eine gute Mischung von großen Bauernhöfen und weiten Industrieflächen. St. Quirinus, der Schutzheilige der Stadt – wahrlich, er kann mit sich und seinem Werk zufrieden sein.

Dieses Erfolgsgefühl hat es die Neusser auch verwinden lassen, daß sie bei der letzten kommunalen Neuordnung die Kreisfreiheit verloren und nunmehr dem ehemaligen ›Kreis Grevenbroich‹ angehören, der jetzt ›Kreis Neuss‹ heißt. Grevenbroich, die Freizeit-Stadt an der Erft, mit Altem Schloß und Geologischem Museum, trägt hart an diesem Namensverlust. Sie teilt dieses Schicksal mit Kempen, Moers, Dinslaken, Geldern und Erkelenz, die allesamt vor einigen Jahren noch Namensträger und Zentren eigener Kreise waren.

Im Kreis Neuss liegt auch Dormagen, als südlichste niederrheinische Stadt unserer Geographie von der Chemie bestimmt und vielleicht deshalb besonders stolz auf ihren römischen Ursprung. Ein städtebauliches Kleinod ist das zu Dormagen gehörende Zons am Rhein, ein früher selbständiges Städtchen mit einer im Rheinland einzigartigen, gut erhaltenen mittelalterlichen Befestigungsanlage, in der sich an jedem Wochenende die Touristen drängen. Zons war viele hundert Jahre lang Kölner Zollstätte, immer wieder hart umkämpft und immer wieder zerstört. Die Aufhebung des Rheinzolls im 18. Jahrhundert verurteilte das Städtchen zur wirtschaftlichen Bedeutungslosigkeit. Die heutige historische Attraktivität entschädigt die Zonser ein wenig für diesen ungnädigen Akt der Geschichte. Das Kreismuseum weiß sich durch ein geschickt und einfallsreich gestaltetes kulturelles Angebot neben dem Neusser Clemens-Sels-Museum zu behaupten.

Von Zons aus machen wir einen kleinen Abstecher zur Wasserburg Schloß Dyck vor den Toren Mönchengladbachs mit einer der bedeutendsten privaten Waffensammlungen Europas. Die im 11. Jahrhundert entstandene Burg wurde um 1800 vom Fürsten Joseph zu Salm-Reifferscheidt-Dyck, einem passionierten Botaniker, mit einem weitläufigen Park umgeben, dessen 190 verschiedene Baumarten, Tausende von Rhododendronsträuchern, Azaleen und 50 000 Narzissen das Schloß und seinen Park alljährlich in ein Blütenmeer verwandeln.

Masuren und niederrheinisches ›Feindesland‹

Mönchengladbach steht mehrfach auf zwei Beinen, vor allem aber auf zwei Fußballbeinen. Die Borussen machten diese Stadt weltbekannt. Etwas mühsam baute sich daneben der Ruhm auf, sich auch in der modernen Kunst und durch einen kühnen Museumsbau Geltung zu verschaffen. Die »offensivste Fußballmannschaft Europas« wird von den Stadtvätern gern »unser liebstes Sorgenkind« genannt. Der Jubel über den sportlichen Ruhm bleibt im Rathaus gedämpft, denn: »Ansonsten haben wir ein Null-Image, wir lösen im allgemeinen nur wohlwollendes Desinteresse aus«, so sagte man mir im Rathaus und verwies auf eine Meinungsumfrage, die dieses Selbsturteil bestätigt. Mönchengladbach hat sich deshalb für die achtziger Jahre vorgenommen, ein Freizeit-Magnet für den Niederrhein zu werden. Das »Null-Image« schließt die Chance ein, unbelastet von vorne beginnen zu können.

Am Anfang war, wie so oft am Niederrhein, ein Heiliger. Er hieß Vitus. Der Kölner Erzbischof Gero gründete 974 eine Benediktinerabtei und gab ihr den Namen St. Vitus. Diese Abtei war bis ins 18. Jahrhundert für das Leben der Stadt bestimmend. Erst Napoleons Säkularisierung löschte die letzten Machtpositionen des Abtes. Die katholische Tradition mündete im vorigen Jahrhundert in eine Mönchengladbacher Besonderheit: Es gründete sich ein Volksverein für das katholische Deutschland, Mönchengladbach wurde zum »Vorort des deutschen Sozial-Katholizismus«. Heute noch beherbergt die Stadt die größte sozialwissenschaftliche Bibliothek der Welt.

Mit dem ›heiligen Textilius‹ im Bunde baute sich die Stadt allmählich zum rheinischen Manchester auf. Doch irgendwie hat es sich ergeben, daß in Aachen die feinen Tuche, in Krefeld die Seide, in Mönchengladbach aber ›nur‹ die Baumwolle gewebt wurde. Das prägte die Psychologie dieser Stadt; sie gilt als solide, zuverlässig und pragmatisch und fühlt sich immer ein wenig im seidigen Abglanz des Nachbarn Krefeld stehend.

Die Benachteiligung der Stadt lag jedoch nicht nur im Gefälle der Seide zur Baumwolle, sie wurde auch von Berlin aus gesteuert. Mönchengladbach war jahrhundertelang Glacis, Aufmarschgebiet gegen den ›Erbfeind‹ Frankreich, der Raum blieb strategisch ausgedünnt und deshalb ohne wirtschaftliche Impulse. Mit grimmigem Humor erzählen sich die Mönchengladbacher eine Geschichte aus den Augusttagen des Jahres 1914. Ein ostpreußisches Regiment war von den Masuren in das Land an Rhein und Maas verlegt worden. Im Bahnhof Mönchengladbach hieß es: Aussteigen! Und über den Bahnsteig hallte der laute Befehl des Feldwebels: »Achtung, laden und sichern, wir befinden uns in Feindesland.« Sage oder Wirklichkeit? Auf alle Fälle symptomatisch für das Verhältnis des Reiches zum Niederrhein.

Das Glacis-Denken wurde erst nach dem Zweiten Weltkrieg überwunden. Heute verbindet ein hervorragend gefächertes Autobahnnetz die Stadt mit dem Umland, aber immer noch liegt sie im Schatten der Wirtschaftsregion Rheinschiene. Die Stadtväter forcieren deshalb eine neue wirtschaftspolitische Ost-West-Achse, die – von Wuppertal kommend – die kulturhistorischen Beziehungen entlang der Linie Düsseldorf–Mönchengladbach durchs Limburger Land bis hin nach Antwerpen neu beleben soll. Der nahe Hambacher Forst mit seinen schier unerschöpflichen Braunkohlenreserven könnte auf diese Weise zukunftsträchtig mit eingebunden werden.

Die Textil-, Fußball- und Kunststadt Mönchengladbach steht auch stadtpolitisch auf zwei Beinen: das zweite heißt Rheydt. Rheydt verlor vor einigen Jahren seine Selbständigkeit an den benachbarten großen Bruder. Rheydt – da purzeln uns die Assoziationen nur so zu. Wahrzeichen Renaissanceschloß, Eckstein der Monarchie, Hort der Calvinisten. Die Erinnerung an das Dritte Reich wird wach bei der Nennung des Namens Joseph Goebbels; der Reichspropagandaminister wurde hier geboren. Rheydt war und ist eine stolze Stadt. Der Kreis jener, die die Verschmelzung mit Mönchengladbach noch immer nicht verwunden haben, ist klein und »nicht prägend«, wie mir der Oberstadtdirektor versicherte. Er fügte hinzu: »Wir müssen aber aufpassen, daß er nicht prägend wird.« In Rheydt ist vieles anders als nebenan: kein Karneval, dafür ein Blumenkorso. Weniger Kölner Kulturkreis, mehr preußische Nüchternheit.

Schon einmal, 1929, war Rheydt Mönchengladbach eingemeindet. Doch Joseph Goebbels machte seine Heimatstadt 1933 mit einem Federstrich (von Göring) wieder selbständig. An den Jubel jener Tage will auch in Rheydt heute kaum noch einer erinnert werden. Doch die Geschichte hat's unauslöschlich verzeichnet. Geschichte ist auch, was »dr Kromm«, wie Goebbels in Rheydt von seinen Schulkameraden wegen eines Beinfehlers verspottet wurde, seiner Heimat hinterlassen hat. Rheydt war 1945, wie der gesamte Niederrhein, ein Ruinenfeld. Bei Kriegsende waren von 11174 Gebäuden mehr als zehntausend beschädigt oder zerstört. 1939 wohnten 77000 Menschen in einer blühenden Stadt. 1945 hausten in den Trümmern noch 20500.

Heute sind Mönchengladbach und Rheydt städtebaulich eng miteinander verzahnt. Dennoch sind und bleiben sie zweipolig. Die Stadt hat sich auf diese Sonderheit eingestellt. Hier Rathaus auf dem Abteiberg, dort Schloß – in diesem Zweiklang läßt sich's miteinander leben. »Man muß fleißig sein, wenn man weiterkommen will und keine Flausen im Kopfe haben«, verkündete der Oberbürgermeister in einer Rede. Man sieht, die Mönchengladbacher stehen wahrlich auf festen Beinen.

Der ›Goldene Schnitt‹ mit Samt und Seide

»Was wir haben, was wir sind, haben wir uns selbst verdient«, meinte ein Krefelder im Gespräch über seine Stadt, und in diesem Ausspruch steckt ein Stück Ur-Krefelder Lebensphilosophie. Sie wird ergänzt durch das scheinbar vordergründige Handlungsmotto von hanseatisch veranlagten Bürgern, die es zu etwas gebracht haben: »Haben kommt von halten«.

Krefeld nimmt (wie Düsseldorf) am Niederrhein eine Sonderstellung ein. In einer regionalen Meinungsumfrage wollten die Stadtväter unlängst wissen, wie das nahe Umland von Issum/Aldekerk bis hin nach Süchteln/Willich über Krefeld denkt. Es kamen dabei Charakteristika wie ›nüchtern‹, ›traditionsverbunden‹, ›vornehm‹ und ›still‹ heraus. Eigentlich hätte auch ›reich‹ dazu gehört. Krefeld ist nicht nur die gutbetuchte Samt- und Seidenstadt, die pro Kopf der Bevölkerung zweieinhalbmal soviel wie das industrialisierte Essen produziert, es ist auch reich und stark an historischen Wurzeln im prächtig gewachsenen Stammbaum.

Der Direktor des Niederrheinischen Landschaftsmuseums, Albert Staeger, Statthalter auf Burg Linn, faßte die Feststellung, daß man in den Spargelfeldern von Gellep ungezählte Frankengräber fand, in den gern zitierten Ausspruch: »Das fünfte Jahrhundert fand nur in Krefeld statt«. Vorher waren die Römer hier, hatten ein Kastell Gelduba und einen Hafen angelegt, in dem ihre Galeeren und die Kähne der Ubier ankerten. Später war Krefeld Enklave der Grafen von Moers, Stadt der niederländischen Oranier, französisch, preußisch. Seinen Aufstieg als Textil-, insbesondere als Seidenstadt verdankt es der Familie von der Leyen, die vor über 200 Jahren aus dem Bergischen Land zuzog. »Vom Umgang mit der Seide, dem vorsichtigen Anfassen, haben wir unser Etepetete«, erklärte mir der Verkehrsdirektor eine besondere Eigenart der Krefelder.

Krefeld hört es gern, wenn man es die ›Stadt des Goldenen Schnitts‹ nennt, die Stadt des rechten Maßes. Johann Heinrich Campe, Sprachforscher und Bearbeiter einer ›Robinson-Crusoe‹-Ausgabe, schrieb vor 200 Jahren an einen Freund: »Ich nenne Dir, indem ich ›Krefeld‹ niederschreibe, den Namen der saubersten und blühendsten Gewerkestadt, die ich je gesehen habe. Der bloße Anblick macht den Fremden, so wie er kommt, heiter und froh«.

Ist das alles Vergangenheit? Krefeld hat nach den Zerstörungen des letzten Krieges seinen Goldenen Schnitt wiedergefunden, seine Eigenart bewahren können. 1100 Hektar öffentlicher Parkanlagen mit zwei Millionen Bäumen für 240000 Einwohner machen die Bezeichnung »blühende Stadt« auch landschaftlich verständlich. Die Krefelder bauten sich ein Seidenweberhaus, ein ebenso imposantes wie imponierendes Bürgerhaus, einen Treffpunkt in Freude, Frohsinn und Geschäftigkeit. Es steht mitten im Einkaufszentrum und symbolisiert auch in seiner eigenwilligen Architektur die unverwechselbare Art dieser Stadt.

Den wirtschaftlichen Wohlstand begründen Textil, Stahl und Chemie. Angesichts einer überdurchschnittlichen Lebensqualität für Arbeit, Wohnen und Freizeit ist es durchaus verständlich, wenn die Krefelder ironisch über sich selbst sagen: »Bei uns muß vieles anders werden, es darf sich aber nichts am alten Zustand ändern.« Ist das preußischer Traditionalismus? Diese Einstellung bringt den Krefeldern jedoch einen besonderen Vorteil – sie vollziehen manche Dinge so spät, daß sie die Fehler eifriger Neuerer gar nicht erst machen.

Trotz eines leichten Hangs zur ›splendid isolation‹, eines auch in der hohen Exportquote der Wirtschaft begründeten kosmopolitischen Anstrichs ist Krefeld für die Provinz – die neuerdings Region genannt wird – ein zugkräftiger Magnet, mit Zoo, Theater, Einkaufsstraßen, Parks, Burg Linn mit Museumszentrum, Kaiser-Wilhelm-Museum und Haus Lange, Textilmuseum und all den schönen Bürgerhäusern. Aus der kleinen Häuseransammlung, die sich im 9. Jahrhundert um die Dionyskirche gründete, ist in elfhundert Jahren mehr leid- als freudvoller Geschichte eine Großstadt geworden, deren Bewohner französische Lebensart mit niederländischer Liberalität und preußischem Fleiß zu einer exklusiven Mentalität verbanden, die mir ein heimatbewußter Krefelder lächelnd so erklärte: »Es gibt gute Menschen, es gibt böse Menschen. Und es gibt Krefelder.« Und sein Amtsnachbar im ehemaligen Von der Leyen-Palais, dem heutigen Rathaus, ergänzte in typisch Krefelder Selbstbescheidenheit: »Düsseldorf ist die laute, Krefeld ist die stille Hauptstadt des Niederrheins.«

Landschaft – wie ein naturalistisches Gemälde

Gäbe es einen Orden für städtische Verdienste um den Niederrhein – die Stadt Erkelenz müßte ihn haben. Obwohl seit einigen Jahren zum Kreis Heinsberg gehörig, also im geographischen Einzugsbereich von Aachen gelegen (Erkelenz verlor dabei den Kreissitz), blieben seine Bürger Niederrheiner. Man fährt nach Mönchengladbach und Düsseldorf und weniger nach Heinsberg und Aachen. Die Niederrheiner sollten sich für solche Treue revanchieren und Erkelenz, den südöstlichen landsmannschaftlichen Vorposten unserer Region, touristisch neu entdecken.

Es lohnt sich. Der mittelalterliche Stadtkern trotzte in seinen Umrissen den verheerenden Bränden des Mittelalters und der fast totalen Zerstörung am Ende des Zweiten Weltkriegs. Das alte Rathaus, der Lambertiturm und die majestätisch in der Landschaft stehende geldrische Landesburg am Nordrand der Stadt – dies alles ist eingebettet in eine Geographie, die vom Gelb des Rapses, vom Gold des Getreides, den Farbtupfen aus Tulpen-und Rosenzuchten (die Niederlande sind nahe), dem satten Grün der Wiesen und den Farbrastern der alten Fachwerkbauten durchsetzt ist. Es sei ein wenig Poesie erlaubt: Der Wanderer empfindet diese harmonische Gliederung wie ein naturalistisches Gemälde. Auch dieses Mitglied der niederrheinischen Städtefamilie ist trotz seiner tausend Lebensjahre adrett und ansehnlich geblieben.

Mal geldrisch, mal spanisch, mal pfälzisch, mal französisch – schließlich preußisch (wir kennen diesen Wechsel schon) und seit 1946 rheinisch. Der Wiener Kongreß (1815) schnitt der Stadt wichtige Lebensadern ab: Er legte die Landesgrenze nur gut 20 Kilometer nordwestlich der Stadt fest und blockierte damit für viele Jahrzehnte den Nervenstrang zum Maasgebiet hin. Heute sind die Verbindungen zum niederländischen Maasland in vielerlei Hinsicht recht gut – »sogar bestens«, versicherte mir ein prominenter Erkelenzer.

Erkelenz empfindet sich als Mittler zwischen dem Niederrhein und dem Aachener Land, die Stadt und ihre Bürger stehen in neu belebter Freundschaft zum Nachbarn Niederlande. Bis Roermond sind es nur 28 Kilometer. Erkelenz ist der Typ der vom Bürgerfleiß beherrschten Stadt geblieben, die sich als absoluter Mittelpunkt ihres natürlichen Umlandes versteht. Sie lebt durch diese Rolle und in ihr. Im Kreishaus zu Heinsberg weiß und respektiert man das.

Herr Kaiser und ein Schelmenstück

Im Wappen des Kreises Viersen spiegelt sich die wechselvolle Territorialgeschichte der Landschaft im Dreieck zwischen Willich, Niederkrüchten und Kempen. Das Kreuz des Kölner Erzbischofs ist mit den Löwen der Herzöge von Geldern und Jülich zu einem Symbol zusammengefaßt, ungeachtet der ungezählten Fehden, die diese Herren immer wieder miteinander austrugen. Viersen war lange Zeit eine Enklave des Herzogtums Geldern mitten im Jülicher Land, die Lust an der Sonderstellung in der Region ist den Viersenern geblieben. Gute Beziehungen schaffen manches – nicht erst in heutiger Zeit: Einflußreiche Viersener Fabrikanten, unter anderem Kommerzienrat Kaiser (Kaiser's Kaffeegeschäft), sorgten mit leichtem Druck nach oben dafür, daß Viersen 1929 bei der großen Eingemeindungswelle auch als kleine Stadt kreisfrei blieb.

Die Beziehungen zur Nachbarschaft waren nicht so erfolgreich: Ein hundertjähriger Grenzstreit (1350–1449) mit der früheren Nachbarstadt Dülken (heute gehört sie als Stadtteil zu Viersen), bei dem es um 132 Morgen Zehntland ging, schwelte durch die Jahrhunderte weiter. Erst der Zwang der kommunalen Neuordnung führte beide Gemeinden (und Süchteln) zusammen. Auf diese Weise kam die berühmte ›Dülkener Narrenakademie‹ nach Viersen. Diese niederrheinische Besonderheit, eine »berittene närrische Akademie der Künste und Wissenschaften«, gehört zu den schönsten und heitersten Bräuchen des Niederrheins, ein Schelmenstück voller List und Hinterlist, einst als Persiflage auf das Brauchtum von Freimaurern gedacht. Beinahe hätte auch Goethe dabei eine närrische Rolle gespielt. Ihm war von der Akademie im Jahre 1828 die Mitgliedschaft angetragen worden, doch der große Meister murmelte unwirsch etwas von »rheinischen Absurditäten« und lehnte ab. Der Brief mit dieser Randbemerkung gehört heute zu den Kuriositäten der Narrenakademie.

Auch Süchteln hat ehrwürdige Traditionen. Der heiligen Irmgardis, die hier wirkte und die der Legende nach eine Gräfin von Aspel und Zutphen war, wurden heilende Kräfte zugesprochen. Ihr zu Ehren baute man idyllisch im Wald, auf den Höhen gelegen, eine Kapelle; in unserem Jahrhundert setzt sich das ›Heilen‹ auf moderne Weise in den (1906 eröffneten) Rheinischen Landeskliniken fort.

Kempen hat im Kreis Viersen sein eigenes Schwergewicht. Die ehemals eigene Kreisstadt hat mittelalterliches Gepräge. Marienkirche, Burg und Thomas von Kempen, dessen Name durch die vier Bücher von der Nachfolge Christi in der ganzen Welt bekannt wurde, haben ihren Ruhm begründet. Heute ist Kempen neuordnungsgeschädigt, muß mehr und mehr Kreiszuständigkeit an die neue Kreisstadt Viersen abgeben.

Im Westen des Kreises Viersen liegt der Naturpark Schwalm-Nette mit der ›Hauptstadt‹ Brüggen. Dreizehn Naturparks zählt das Land Nordrhein-Westfalen – der Naturpark Schwalm-Nette gehört zu den größten und schönsten. Zwischen Rhein und Maas erstreckt er sich auf dem Gebiet der Kreise Heinsberg, Viersen und Kleve in 40 Kilometer Länge und drei bis zwölf Kilometer Breite. An sonnigen Tagen finden wir hier bis zu 60 000 Besucher. Sie kommen aus einem Einzugsgebiet von neun Millionen Menschen diesseits und jenseits der Grenzen. Auenwälder und Pappeln, Wind- und Wassermühlen, Burgen und Schlösser, bäuerliche Anwesen, Heidereste, Niedermoore, Flüsse und Seen – überall ist hier noch Natur.

Mitten im Naturpark liegt Europas größtes Eissportzentrum Grefrath, nahebei das Niederrheinische Freilichtmuseum Dorenburg. Wegberg: Naturlehrpark Haus Wildenrath mit seinem botanischen Garten. Wassenberg: Stadtpark und Burg. Nettetal: Hinsbecker Schweiz mit zwölf Seen, Waldlehrpfad, Hinsbecker Heide und großem Wanderwegenetz.

Vorbei an den Reiherhorsten der Erlenbuchwälder führt uns ein Abstecher zur Idylle Tüschenbroicher Mühle oder zu den anderen Wassermühlen entlang der Schwalm. In Niederkrüchten kann der Wanderer die 300 Wacholdersträucher zählen und in Brüggen, dem Mittelpunkt von Schwalm und Nette, auf der Burg das neue Jagdkundliche Museum besuchen. Der Natur- und Tierpark Schwalmtal, ein 15 000 Quadratmeter großer Spielplatz für groß und klein, ist ein Wochenendvergnügungstip bis weit ins westfälische und Kölner Land hinein.

»Jede Landschaft hat ihre eigene, besondere Seele«, hat uns Christian Morgenstern als Erkenntnis hinterlassen. Für eine solche Landschaft, wie sie hier zwischen den Seen,

Heiden und Wassermühlen des Kreises Viersen noch zu finden ist, könnte ihm dieser Satz eingefallen sein.

Trauer muß Graf Geldern tragen

»Gelre« soll der rote Drache gellend unter dem Mispelbaum geschrien haben. Aber wacker hieben Wichard und Lupold, die Söhne des edlen Herrn von Pont, auf das Ungeheuer ein. Röchelnd stieß es seinen letzten Feueratem aus – und war nicht mehr. »Gelre«, daraus soll Geldern entstanden sein, so berichtet die Sage. Und wieder erhebt sich die Frage: Märchenerzählung oder verfremdete Wirklichkeit? Symbol-Überlieferung für die Überwindung des Heidentums? Fest steht, daß ein gewisser Megingos um 1000 n. Chr. lebte, der als Stammvater der späteren Grafen von Geldern anzusehen ist. 1094 wurde erstmals eine Vogtei Geldern urkundlich erwähnt, ab 1339 durften sich die Grafen gar Herzöge nennen.

Geldern, dieser Name ist ein Gleichnis für gemeinsame deutsch-niederländische Geschichte. Das einstige Gelderland umfaßte Obergeldern (an der Maas) ebenso wie die (durch Kleve räumlich getrennten) Grafschaften Zutphen, Arnheim, die Veluwe, die Betuwe und die Reichsstadt Nimwegen. 1543 fielen beide Landesteile an die Habsburger, 1579 wurden sie niederländisches Territorium. Geldern kam nach der Vertreibung der Spanier 1713 an Preußen; der Landstreifen an der Maas wurde vom Wiener Kongreß 1815 den Niederlanden zugesprochen. Im heutigen Geldern lebt diese vergangene Glanzzeit der Geschichte weiter, und die Verwurzelung mit dem niederländischen Nachbarn gehört mit zur besonderen Psychologie dieser Stadt.

Seit die Heiligen Willibrord und Lambertus vom Gebiet der heutigen Niederlande aus missionierend an den Niederrhein zogen, haben diese ›Niederrheinlande‹ eine gemeinsame Kulturgeschichte. Mag es zwischen Deutschen und Holländern, zwischen Bonn und Den Haag auch Spannungen, Mißverständnisse, ja Schuld geben – die Grenzbevölkerung lebt trotz großer Politik gutnachbarschaftlich miteinander und nebeneinander. Verwandtschaftliche Beziehungen, gleichartige Sprache und eine fast identische Mentalität machen es den Menschen – wie auch im Gebiet Roermond–Venlo/Mönchengladbach–Viersen und Kleve–Emmerich/Liemers – leicht, zueinanderzufinden. In zahlreichen grenzüberschreitenden Arbeitsgemeinschaften (zum Beispiel den ›Euregios‹) wird heute lebensnahe zwischenstaatliche Strukturpolitik praktiziert. Das Niemandsland der Militärs von einst gewinnt mehr und mehr an Infrastruktur und schafft sich eigene wirtschaftspolitische Impulse.

Geldern schob sich im Mittelalter wie ein Keil zwischen jülicher und klevisches Gebiet. Es war Hochburg der Gegenreformation, Zankapfel in mancherlei Erbfolgestreitigkeiten und immer wieder hart umkämpft. Die Bürger zahlten blutigen Tribut: in Geldern und in Weeze, in Goch, Straelen, Kerken, Uedem, Issum, Wachtendonk. Heute sind all diese Städte eingebettet in das, was wir Wohlstandsgesellschaft nennen. Die Lust am Konsum verbindet sich mit Fleiß und Anspruch.

Wer Weeze sagt, denkt an Schloß Wissen und Schloß Kalbeck mit der alljährlichen Rosenschau, an Rundwanderwege und Wildschweingehege. Diese Landschaft ist für die lärmgeplagten und durch Abgase geschädigten Ruhrgebietler Erholungsgebiet geworden. Sie kommen in hellen Scharen und bestaunen in Goch die mittelalterliche Architektur der Häuser und Kirchen, in Straelen die alten Herrensitze und Wassermühlen, die Schlüterei und die alte Stadtwaage in Uedem, verweilen am Haus Caen, der ältesten Wassermühle des Niederrheins (leider vom Feuer zerstört) und lassen den Blick über die niederrheinische Weitläufigkeit schweifen, die hier, im deutschen Gelderland, dem Blumen- und Gemüsegarten zwischen Rhein und Niederlande, sich wie eine natürliche Therapie gegen die Streßimpulse des modernen Gejagtseins anbietet.

Straelen nennt sich noch heute ein ›Landstädtchen‹, wohl wissend, daß dieser Begriff nicht mehr Rückständigkeit, sondern Erholung verspricht. Einst eine Festung der Herzöge von Geldern, mit Mauern, Wällen und Wassergräben, seit der Grenzziehung 1815 mehr und mehr verloren und verarmt, schauten die Straelener vor dem Ersten Weltkrieg »mit hungerndem Magen und leerem Beutel«, wie die Chronisten berichten, nach Holland hinüber, drei Kilometer Luftlinie entfernt. Und was sie dort sahen, zündete als

Idee: 1914 fand in Straelen die erste deutsche Gemüseversteigerung nach niederländischem Vorbild statt. Der wirtschaftliche Durchbruch für Straelen war gelungen. Heute setzt die ›größte Blumen- und Gemüseversteigerung in der Bundesrepublik‹ alljährlich kapitale Summen um. 1937 waren es 2,4 Millionen Mark, 1939 bereits 6,6 Millionen. 1969: 52,4 und 1977 über 110 Millionen Mark.

Geldern nennt sich in der Selbstdarstellung »eine Stadt zum Aufatmen«. Mit Geldern müssen wir das eingemeindete Walbeck erwähnen; es trägt den lukullischen Ehrennamen »Spargeldorf am Niederrhein«. Ein Spargelessen auf Schloß Walbeck wird zelebriert, nicht einfach angerichtet. Bereits mit den Römern kam diese Wohlmundigkeit an den Niederrhein. Schon Kaiser Diokletian sah sich 304 v. Chr. genötigt, den Preis für die Delikatesse Spargel festzusetzen. Heute umfaßt das Spargelanbaugebiet im Großraum Düsseldorf/Köln über 110 Hektar – knapp die Hälfte davon mit einem Jahresertrag von 5000 Doppelzentnern erstreckt sich entlang der niederländischen Grenze mit den Schwerpunkten Walbeck und Brüggen-Bracht (Kreis Viersen) sowie Effeld und Haaren (Kreis Heinsberg). Die Spargelbauern des Niederrheins haben ein ganz besonderes Verhältnis zu ihrem Herrgott, da sie annehmen, daß er das Wetter macht. Vom Wetter sind sie und das ›große Stechen‹ alljährlich ebenso abhängig wie die Winzer und ihre Weinlese an Rhein und Mosel.

Der Spargel war es letztlich auch, der es den Walbeckern ermöglichte, sich ein Waldfreibad zuzulegen, das achtmal so groß wie ein Fußballfeld ist. Ihr Freizeitzentrum, ihre weiten Wanderwege bis ins Nachbarland hinein, machen diesen Stadtteil von Geldern zu einem Zentrum der Erholsamkeit. Geldern-Lüllingen fügt sich mit seinem Superlativ, die größten Eriken- und Azaleenkulturen Europas zu besitzen, freundlich-floristisch in diese Empfehlungen mit ein.

1975 verlor Geldern den Kreissitz an Kleve und liegt heute – da drehen sich die Klever Herzöge vor Freude im Grabe herum, und Trauer muß Graf Geldern tragen – im ›Kreis Kleve‹. Der Landtag versäumte es, die traditionsreichen Namen Kleve und Geldern in der neuen Kreisbezeichnung historisch sinnvoll miteinander zu verbinden. Diesen Mangel nannte der Direktor des Rheinischen Landesmuseums Bonn, Dr. Rüger, unlängst treffend einen »Akt der Barbarei«. Die Gelderner bewahren sich jedoch auch im Kreis Kleve ihre geschichtlich gewachsene Eigenständigkeit. Dabei lebt das einstige Gelderland im Bewußtsein der Gelderner weiter.

Den Kommandanten im Schlafanzug gefangengenommen

Für die Erzbischöfe, Grafen, Herzöge, Fürsten, Könige und Kaiser war der Niederrhein zweitausend Jahre lang ein großer, aufregender Abenteuerspielplatz. Sie knüpften verwandtschaftliche Bande, schlossen Verträge miteinander, kungelten, stritten und schlugen sich, jagten einander Städte und Ländereien ab – übrig blieb ein geschundenes, ausgeplündertes Volk. Doch wie das Leben so spielt – trotz dieser schlimmen Erfahrungen mit unseren ›großen‹ Herren, stehen wir heute hin und wieder fast ein wenig ehrfurchtsvoll vor den Zeugnissen ihrer Hinterlassenschaften: ob ehemaliger Witwensitz des gräflich klevischen Hauses auf Burg Winnenthal bei Xanten, ob Schloß Ringenberg (heute Kunststätte) in Hamminkeln, Wasserschloß Blömersheim in Neukirchen-Vluyn oder Schloß Lauersfort in Moers.

Auch die Höhenzüge der Bönninghardt und des Latzenbusches in Alpen haben ihre schaurige Geschichte. Hier trieb einst der ›Fetzer‹ sein Unwesen, jener räuberische Geselle, »der die Reichen schröpfte und die Armen schonte«, wie es romantisch-verschönernd überliefert wurde. Der Schinderhannes des Niederrheins verlor seinen Kopf 1802 unter dem Fallbeil. Alpen trauert ihm nicht nach – wohl aber den eigenen großen Zeiten, als das Geschlecht derer von Alpen noch einen klangvollen Namen, Burg und Herrschaft hatte. Vergangen, vergessen auch dies: Ein paar Mauerreste sind in den Wiesen und Äckern noch erkennbar. Alpen begnügt sich heute mit einer anderen historischen Attraktion, es weist in der evangelischen Kirche das Grabdenkmal der Kurfürstin Amalia von der Pfalz († 1602 in Alpen), der Gemahlin Friedrichs III., vor.

Wir fahren weiter und erfreuen uns am unzerstörten Stadtbild von Orsoy, an der Rheinpromenade, der gärtnerisch geschickt gestalteten alten Festungsumwallung und an der im Wettbewerb ›Unser Dorf soll schöner werden‹ ausgezeichneten Schmucksiedlung ›Spanische Schanzen‹ in Budberg.

Das benachbarte Rheinberg hat auch heute wieder mächtige ›Fürsten‹: Kaufleute und Industrielle, die den städtischen Steuersäckel füllen helfen – dazu gehören die Inhaber eines Magenbitter-Imperiums und die Besitzer des größten Salzbergwerks in Europa (in Borth). Rheinberg wurde in seiner Geschichte elfmal belagert, viermal verpfändet, wechselte fünfzehnmal den Besitzer, wurde ungezählte Male gebrandschatzt und geplündert. Und doch bleibt es in seine Geschichte verliebt. Ein Indiz dafür: Die Ruine des alten Pulverturms, die wie ein verwunschener steinerner Baumstumpf klotzig-trotzig in der Landschaft steht, soll wieder aufgebaut werden. Sie ist nostalgische Erinnerung an ein schreckliches Unglück im Jahre 1598. Am 14. Oktober schlug eine Kanonenkugel in den Pulverturm, und 150 Tonnen Pulver flogen, vielfach Verderben bringend, in die Luft. Und ein zweites Mal ging der gesamte Pulvervorrat hoch: ein Blitz hatte gezündet. Nun wird erwogen, eventuell ein romantisches kleines Café auf den Turm zu setzen – neues Leben blüht aus den Ruinen.

In Kamp-Lintfort schnuppern wir bereits Ruhrgebietsluft, der Steinkohlenbergbau hat diese Stadt fest im Griff. Dennoch hat sie sich grüne Pfade und Oasen der Erholung erhalten können. Dem Touristen und Heimatfreund bietet Kamp-Lintfort eine religionsgeschichtliche Einmaligkeit: Aus ferner Zeit grüßt die älteste deutsche Zisterzienserabtei (1132 gegr.) vom Kamper Berg herab.

Wir befinden uns mitten im Moerser Land, im (noch) blühenden Vorgarten des Ruhrgebiets. Wir durchwandern die rauschenden Wälder der Sonsbecker Schweiz, tanken Erholung in den Hochwäldern von Vluynbusch und Kamp und streifen durch die Kieferndickichte der Leucht und Bönninghardt. Von der Höhe des Oermterberges – aus der Erholungsstätte – klingt fröhliches Kinderlachen. Überall ist der Boden schwer von Geschichte, durchsetzt mit den Spuren menschlicher Erzeugnisse. Kulturgeschichtlicher Raum der frühesten Epoche, sagt der Historiker dazu.

Das Moerser Territorium reichte in seinen besten Zeiten im Norden bis Rheinberg, im Süden umschloß es Krefeld, im Westen zog es sich bis Vluyn hin, im Osten hatte es den Rhein als Grenze. Ein kleines, stattliches Ländchen, mit engen Bindungen zu Kleve. Noch heute, so geht die Kunde, geistert die Weiße Frau des Klever Schwanenturms nach nächtlichem Ausritt auch mal im Grafschafter Schloß zu Moers. Im 17. Jahrhundert deklamierte ein gewisser Rektor Kruse im Moerser Gymnasium einen Mehrzeiler als Ode an seine Stadt, damit dem Glücke Ausdruck gebend, daß Moers weder im Dreißigjährigen Krieg noch durch den räuberischen Sonnenkönig Ludwig XIV. besonderen Schaden genommen hatte: »Ich [er meinte Moers], der die Moräste den Namen gaben, bin zwar klein, aber durch meine Burg, die Wälle, die Häuser, das Rathaus, die Kirche den ersten Städten gleich«. Diese Selbstzumessung haben sich die Moerser bis auf den heutigen Tag erhalten.

Kurz zuvor, um 1600, hatte die kinderlose, adelige Dame Walpurgis ihr Ländchen testamentarisch den niederländischen Oraniern vermacht. Moers blieb, gemeinsam mit Krefeld, mehr als hundert Jahre lang niederländisch. Es war eine relativ friedvolle Zeit der wirtschaftlichen Blüte. Die Oranier bauten Moers zur stärksten Festung am Niederrhein aus. Sie galt nach dem Urteil von Festungsspezialisten als uneinnehmbar.

Die Brandenburger hatten die Schenkung der Dame Walpurgis niemals anerkannt. Am 7. November 1712 drangen sie in die ›uneinnehmbare‹ Festung ein. Der niederländische Kommandant wurde im Schlafanzug festgenommen, was seiner militärischen Karriere sehr abträglich war. Die Moerser haben den Preußen diese nächtliche Überraschung lange nachgetragen. Der ›Frieden von Hubertusburg‹ (1763) wurde dann aber doch »mit guter Musik und viel Wein« gefeiert, wie ein Moerser Chronist zu berichten weiß. 1763 ließ der Alte Fritz die Festung schleifen. Moers wurde der ›Schulkreis Preußens‹. Als es 1848 gelegentlich der Revolutionswirren um die königlich-preußische Autorität am Niederrhein nicht zum besten stand, war es u. a. auch Moers, das dem verzagenden König Trost zurief. Es ging ein Spottvers durch die Lande des Königreichs: »Friedrich Wilhelm, weine nich, du hast noch Moers und Meiderich«.

1975 verlor Moers seine letzte hoheitliche Funktion, es mußte den Kreissitz an Wesel abgeben und liegt jetzt im ›Kreis Wesel‹. Daran tragen die Moerser schwer. Sie trösten sich mit ihrem Grafschafter Schloß, das von einer der schönsten Parkanlagen des

Niederrheins umgeben ist; 1836 von dem berühmten Gartenarchitekten Maximilian Friedrich Weyhe angelegt. Alljährlich findet hier ein weit über die deutschen Grenzen hinaus hallendes Jazz-Festival statt. Auch die Freilichtspiele vor historischer Kulisse ziehen immer wieder viele tausend Menschen an.

Moers ist heute eine freundliche, in sich ruhende Stadt mit großer Ausstrahlung für den Niederrhein.

Gnadenort in einer gnadenlosen Zeit

Auch für den Niederrhein hatte die Überzeugung, daß Gott katholisch und der Teufel protestantisch sei (oder umgekehrt) vor Jahrhunderten verheerende Folgen: Tod, Not und Zerstörung von Emmerich bis Neuss. Und auch heute spukt dieser Geist noch in manchem Hirn. Die niederrheinischen Stadtchroniken verzeichnen viele Greueltaten »im Namen Gottes«. Gott sei den Sündern gnädig – auch den Seelen jener weimarisch-hessischen Soldaten, die Mitte des 17. Jahrhunderts wieder einmal mordend und brennend durch die Gelderner Lande zogen. Damals wurde der Menschen Sehnsucht nach Erlösung aus dieser irdischen Drangsal in Kevelaer ein Licht gesetzt: An einem Herbsttag des Jahres 1641 glaubte der aus Geldern stammende Handelsmann Hendrik Busman an einem Wegkreuz in Kevelaer Stimmen zu hören, die ihm auftrugen, an dieser Stelle ein Heiligenhäuschen zu bauen. Das war die Geburtsstunde des Wallfahrtsortes Kevelaer.

Offenbarung, Illusion? Auf jeden Fall Gläubigkeit. Heute wallfahren jährlich etwa eine halbe Million Menschen, vor allem aus West- und Südeuropa, zur Kerzenkapelle, manchmal bis zu 20 000 an einem Tag. Kevelaer lebt von diesen Pilgerströmen, der Devotionalienhandel blüht. Gold- und Silberschmiede, Glasmaler, Wachszieher, Holzschnitzer und Orgelbauer haben neben der zeitgenössischen Wirtschaft ihr gutes Auskommen und nehmen ihren Teil am Trost der Betrübten. Die schlimmsten Auswüchse haben die Kevelaerer inzwischen gekappt: Es gibt keine ›Maria im Schnee‹ mehr und auch keine ›geweihten Kerzen mit Weihwasseraufschlag‹.

Konrad Adenauer hat die Wallfahrtsorte einmal »Gnadenorte in einer gnadenlosen Zeit« genannt. Diesen Ehrentitel trägt Kevelaer seit fast 350 Jahren. »Gesegnet, wer im Glauben treu, er wird erlöst durch Buß' und Reu'«, singen die Pilger in Richard Wagners Tannhäuser. Solchen Segen erhoffen sich die Pilger und Wallfahrer auch in Xanten, in Kranenburg, Marienbaum, Vorst, Neuss und vielen anderen Wallfahrtsorten. Kevelaer aber steht als Marienwallfahrtsort ebenbürtig neben Lourdes und Fatima.

Sag mir, wo die Römer sind – wo ist Siegfried nur geblieben?

Am Niederrhein gibt es eine Insel der archäologischen Glückseligkeit: Xanten. Ein Traumland für Historiker und historisch Interessierte. Nirgendwo sonst im Rheinland hat der Satz »schon die alten Römer...« soviel Gültigkeit wie hier zwischen Dom und Römerstadt. Kaiser Trajan (98–117 n. Chr.) gab der römischen Siedlung seinen Namen: ›Colonia Ulpia Traiana‹. Die Ausgrabungen im Archäologischen Park Xanten (APX) haben in unserem Jahrhundert die Römerstadt der Vergessenheit entrissen. »Schon die alten Römer« – das heißt in diesem Fall nicht »wie die Menschen in Rom«, das heißt vielmehr »wie unsere Vorfahren«. Denn mehr als 400 Jahre lang wohnten, stritten und litten Römer an den Ufern unserer Gestade. Ihre Nachfahren sind mitten unter uns.

In Xanten wird die römische Geschichte des Niederrheins von Dormagen bis Nimwegen lebendig. Die früheste historische Urkunde, die den Niederrhein erwähnt, ist ein Bericht Cäsars über den Gallischen Krieg. In vor-und frühgeschichtlicher Zeit war der Niederrhein zwar besiedelt, aber historische Überlieferungen fehlen. Das von dem Wuppertaler Fuhlrott 1856 in einem Nebenraum der Höhle ›Feldhofer Kirche‹ im Neandertal (bei Mettmann) gefundene und 1864 von dem englischen Anatom King als ›homo neandertalensis‹ bezeichnete Skelett weist nach, daß bereits vor sechzigtausend Jahren Menschen in dieser Gegend gelebt haben. Blenden wir noch weiter zurück: Da, wo in unseren Städten heute des Lebens buntes Getümmel herrscht, laichten einst

Fischschwärme. Der Niederrhein war in grauer Vorzeit mehrmals vom Meer überspült, die Küstenlinie ist von den Geologen entlang der Linie Jülich–Grevenbroich–Krefeld nachgewiesen worden. Der Rhein mündete etwa bei Neuss ins Meer. Die Neusser sprechen heute gern in ihrer Wirtschaftswerbung davon, sie lägen (wegen ihres Hafens) ›am Meer‹. Damals war's Wahrheit.

Das Meer zog sich zurück, es blieben Kohle, Salz und fruchtbarer Lößboden. Ab und zu gibt die Erde Spuren ihrer früheren Besiedlung frei. So wurde zum Beispiel in neuerer Zeit in Duisburg-Wedau ein Feld mit 5000 Grabhügeln aus der Eisenzeit (700–500 v. Chr.) entdeckt. Die Ausbeute haben sich das Niederrheinische Museum in Duisburg und das Ruhrland- und Heimatmuseum in Essen geteilt.

Der griechische Geschichtsschreiber Posidonius erwähnt um 80 v. Chr. die ›Germanen‹ zum ersten Mal. Hier, am Niederrhein, hausten um die Zeitenwende die Eburonen, ein Stamm der Kelten. Wir wissen das ziemlich genau, da aus dieser Zeit die ersten schriftlichen Überlieferungen stammen. Die Eburonen lagerten zwischen Rhein und Maas gemächlich auf ihren Bärenhäuten und dachten an nichts Böses. Da fielen die Römer aus Gallien ein. Sie behaupteten – wie später Napoleon –, Gallien reiche bis zum Rhein. Die Eburonen wollten das, wie später die Preußen, partout nicht einsehen. Sie setzten sich zur Wehr. Das ergrimmte Cäsar, er schickte zehn Legionen an den Rhein und machte 58 v. Chr. kurzen Prozeß mit seinen Feinden.

Um die Rheingrenze zu sichern, bauten die Römer den niedergermanischen Limes. Er zog sich von Durnomagus (Dormagen) über Novaesium (Neuss), Gelduba (Krefeld), Asciburgium (Moers-Asberg), Vetera (Xanten), Burginatium (Altkalkar) bis hin nach Noviomagus (Nimwegen). Legionslager und Kastelle verstärkten den Schutz. Die Linie hielt 400 Jahre lang. Rom brach zusammen, die Franken traten in die Weltgeschichte ein, durchwanderten den Niederrhein – und ließen ihn im Dämmerschlaf der Vorgeschichte zurück. Theodor Mommsen zog später das Fazit: »Der Unterrhein hat wohl die römische Herrschaft, nicht aber, wie der Oberrhein, auch die römische Kultur übernommen«. Ein hartes Urteil, das zumindest südlich von Neuss nicht zu halten ist.

Doch kehren wir zurück nach Xanten, wo die größte touristische Attraktion des nördlichen Niederrheins, der Archäologische Park, von Roms Ruhm kündet. Seinen Ruf als wiedererstandene Römerstadt verdankt Xanten einem Glücksfall: Als einzige große Stadt nördlich der Alpen wurde die um 100 n. Chr. gegründete, blühende, später zerstörte, verfallende und von Steinräubern ausgeplünderte ›Colonia Ulpia Traina‹ nicht überbaut. Ihr Grundriß blieb unter Äckern und Wiesen erhalten. 20 000 bis 40 000 Menschen lebten hier einst, bis die Franken kamen und diese Kulturepoche auslöschten.

Römer, Franken und Niederrheiner sind in Xanten durch eine Symbolfigur verbunden, den heiligen Viktor. Er soll um 361 als Führer einer römischen Legion mit seinen Getreuen den Märtyrertod gestorben sein. Über seinem Grab errichteten die Christen damals eine Gedächtniskapelle, aus der ein mächtiger Dom erwuchs, der heute majestätisch in die niederrheinische Landschaft ragt. Er gibt der Stadt Xanten (von ›Ad Sanctos‹, bei den Heiligen) ihre unverwechselbare Silhouette.

Jahrhundertelang blieben die Xantener in der bangen Ungewißheit, ob sich die Sache mit dem Heiligen tatsächlich so zugetragen habe, wie die Überlieferung berichtet, oder ob das alles nur die fromme Mär von Mönchen sei. Hatte Viktor tatsächlich gelebt, und war er für seinen Glauben gestorben? 1933 legte Prof. Dr. Walter Bader unter dem Dom ein Doppelgrab frei – viele Anzeichen sprechen dafür, daß sich in ihm die sterblichen Reste des Heiligen und eines Gefährten befanden. St. Viktor hat wieder Gestalt gewonnen und verleiht der Stadt seinen Segen (den die Touristen in barer Münze bringen).

Römer, St. Viktor – war da nicht noch ein Dritter im Bunde? Richtig: Siegfried, der Held der Nibelungensage. Er soll, so kündeten einst die Sänger, in Xanten geboren sein, aber niemals wurde ein Zeugnis dafür gefunden. Xanten nennt sich zwar heute noch, fast ein wenig verschämt, die ›Siegfriedstadt‹, aber Siegfried ist dem Römerkult zum Opfer gefallen. Nur am Giebel des Stadtcafés am Markt fand ich noch ein Siegfried-Mosaik. Wo ist der blonde Held geblieben?

Xanten konzentriert sich heute ganz auf den romantischen Zweiklang Dom/mittelalterliches Stadtbild und Römerpark, sprich APX. Seit 1972 wird die von den Archäologen ausgegrabene Colonia rekonstruiert, inzwischen sind weite Teile bereits für die Besucher freigegeben. Römische Häuser und Türme, Straßen, Gräben und Mauern, im Mittelpunkt das Amphitheater, eine Rekonstruktion jener schaurig-schönen Kultstätte, in der die Gladiatoren ihre Kämpfe ausfochten und Tierhatzen (ob mit Menschenopfern, ist nicht überliefert) veranstaltet wurden. 12 000 Zuschauer faßte das Amphitheater einst. Im nahen Birten, zu Xanten gehörend, romantisch eingebettet in des Waldes Mitten, finden wir eine gleiche Arena, sie wird alljährlich für Freilichtaufführungen benutzt.

Xanten nahm teil am Auf und Ab der Geschichte, am Aufbau, an Zerstörung und Wiederaufbau – trauriges, elendigliches Schicksal aller niederrheinischen Städte. Die von den Römern verlassene und von den Franken nicht wieder bewohnte Stadt begann zu veröden, war als Steinbruch sehr willkommen. An der Stelle, an der die Christen die Gedächtniskapelle zu Ehren der Märtyrer errichtet hatten, wuchs nach 900 eine neue Siedlung. Seine Erhebung zur Stadt verdankt Xanten (wie Rees und Rheinberg) dem Machtstreben von Erzbischof Heinrich I. von Molenark (1226–1238). Er wollte sein zerrissenes kölnisches Gebiet am Niederrhein festigen. Die Stadtrechte brachten jedoch kein Recht auf Glück und Wohlstand; hier, zwischen Stift und Siedlung, überschnitten sich die Besitzansprüche des Kölner Erzbischofs mit denen des Herzogs von Kleve. Blutige Auseinandersetzungen waren die Folge. Xanten wurde in den Geldernschen Erbfolgekrieg verwickelt, in die Linner Fehde (1392), die Soester Fehde (1444), den Jülich-Klevischen Erbfolgestreit (1614), den Dreißigjährigen Krieg. Anfang des 16. Jahrhunderts suchte sich der Rhein ein neues Bett, 1786 war Xanten gänzlich vom Strom abgeschnitten. Es verarmte mehr und mehr. Die Franzosenüberfälle und Napoleon brachten neues Leid, der Zweite Weltkrieg schließlich die fast völlige Zerstörung.

Heute schmückt ein idyllischer Altrheinarm die Auen bei Xanten, Oase für Fotofreunde, Ornithologen und an den Ufern sitzende Lebenskünstler. Xanten ist das erholsame Pendant einer Industriestadt geworden, hier weben die Nornen der Geschichte immer noch ihre wirren Fäden und orakeln dunkel über des Lebens und des Leidens Sinn. Wer mag, kann sich im Regionalmuseum die Zeugnisse ihrer Webkünste anschauen und die Lehren daraus ziehen.

Verträumte Poesie an einem Altrheinarm

Wer kennt sie nicht, die »niederrheinische Stadt mit vier Buchstaben«? Sie wird in vielen Kreuzworträtseln gesucht und inzwischen trotz (oder wegen) ihrer Verträumtheit von immer mehr Touristen gefunden. Am märchenhaften Rheinufer, dort, wo sich der Strom vor der alten Stadtmauer weitausladend behäbig vorbeiwälzt, steht ein dicker Wehrturm. Spötter behaupten, in diesem alten Turm müsse wohl einst ›Dornreeschen‹ geschlafen haben.

Die Reeser wissen immer noch nicht genau, ob sie mal wachgeküßt wurden oder nicht. Ein Prinz wurde bislang jedenfalls nirgendwo in der Stadtchronik entdeckt. Im Stadtprospekt wird diese niederrheinische Gemächlichkeit zur Tugend erhoben: »Wir sind eine Kleinstadt, die sich nicht von der Hast des Modernen umkrempeln ließ«. Bravo – eventuell mit Fragezeichen. Denn natürlich sind auch die Reeser modern und haben alles, was zur Grundausstattung einer Gemeinde gehört. Nur, die Bürger überlassen die Hektik gern den Düsseldorfern und Duisburgern. Hier, an Weiden und Wasserläufen, hinter Wallhecken und an Deichgräben, in den Pappelalleen, an den Altrheinarmen und in den gemütlichen Bauernstuben, hier in Rees ist der Niederrhein in seiner klassischen Form noch allgegenwärtig. Heile Welt? Wenn es sie gäbe, Rees wäre der richtige Platz dafür.

Ein Glücksfall und der ›Schnelle Brüter‹

Kleve, Emmerich, Kalkar, Xanten, Rees, Wesel, Geldern, Moers, Dinslaken – das sind Städte am nördlichen Niederrhein mit unverwechselbarer historischer Eigenart. Ihre Erhebung zur Stadt hatten sie zumeist dem Umstand zu verdanken, daß sich ihr jeweiliger Territorialherr wirtschaftliche und militärische Stützpunkte schaffen wollte, um die eigene Herrschaft zu festigen und zu erweitern. Von den Gründungen der einstigen Dörfer, von ihren ersten Höfen, wissen wir wenig. Nur Kalkar macht eine Ausnahme. Kalkar ist ein archivarischer Glücksfall, es konnte seine schriftlichen Zeugnisse fast lückenlos über alle Notzeiten in die Gegenwart herüberretten.

Wir wissen deshalb authentisch, daß um 1230 ein Dietrich Graf von Kleve auf der Kalkarward, einer sandbankartigen Erhebung in einer Rheinschleife, eine neue Stadt gründete. Von da an ging's bergauf mit Kalkar. Aus Bauern und Bürgern wurden reiche Handwerker, sie schufen sich mit ihrem Fleiß eine blühende Stadt, deren ursprüngliches Bild nach manchen Zerstörungen auch heute noch urtypisch für den Niederrhein ist. Auch die 500 Jahre alte Nicolaikirche mit ihren prachtvollen Schnitzaltären fügt sich heimelig in die innerstädtische Symmetrie ein. Kalkar erträgt gelassen die heftige Diskussion um den in Kalkar-Hönnepel erbauten ›Schnellen Brüter‹, den »Prototyp eines Kernkraftwerks in der zweiten Generation«, wie es so schön in der Fachsprache heißt. Zugegeben, manche Kalkarer würden unter diesem Schnellen Brüter viel lieber eine exotische Vogelart im ornithologischen Schutzgebiet eines Altrheinarmes verstehen und sprechen sarkastisch von den »Kernkraftmeiern«, aber das unter internationaler Aufmerksamkeit entstehende Kernkraftwerk hat auch seine positiven Seiten, und das ist nicht nur arbeitsmarktpolitisch zu verstehen: Es zwingt die Kalkarer aus ihrer Beschaulichkeit mitten in die Gegenwartsbewältigung.

Einen Schutzbrief, wie ihn der kaiserliche Reitergeneral Isolanie um 1600 für Kalkar verfaßte, um die leidgeprüfte Stadt vor den Plünderungen der »gesambten Soldateska« zu bewahren (er blieb ohne Wirkung), einen solchen Schutzbrief gibt es gegen die Gefahren des Schnellen Brüters nicht. Kalkar wird in eine neue Identität gezwungen: Kernkraftwerk und altes Rathaus, zwischen diesen beiden Polen fließt heute das Leben dieser Stadt.

›Klemmericher‹ in freundschaftlicher Spannung

Kleve, das ist praller Niederrhein, lebensvolles Miteinander von Niederländern und Preußen. Auf dem Berg, dem ›Kliff‹, (daher der Name der Stadt), residierten einst die Grafen und Herzöge von Kleve. Sie waren im 16. Jahrhundert so mächtig, daß Englands frauenmordender König Heinrich VIII. durch Heirat mit der klevischen Prinzessin Anna eine politische Verbindung mit Kleve einging. Das tragische Schicksal der seelisch dahindarbenden Anna füllt viele Seiten des historischen Weißt-Du-noch-Buches dieser Stadt. Und wär's nicht so traurig, wär's eine Schnulze.

Kleve ist reich an solchen historischen Gestalten. Ahnherr der sagenhaften Klever Größen ist zweifellos jener Schwanenritter Elyas, der der schönen Beatrix das später klassisch so aufgeputzte »Nie sollst du mich befragen ...« zurief. Er ist quasi der Kronzeuge der weiblichen Neugierde, ohne das damals zu wissen, und so endete die Sache recht traurig für Beatrix. Seit mehr als tausend Jahren steht die Klever Schwanenburg hoch droben auf dem Berg, seit mehr als fünfhundert Jahren krönt der Schwan die Helmspitze des Turms.

Die Herzöge von Kleve »weiteten durch Tatkraft und kluge Politik ihre Herrschaft weit aus«, so heißt es in den anpreisenden Stadtprospekten. Von wegen. Auch sie überfielen ihre Nachbarn mit Händel, Krieg und Raub und mehrten so Ruhm und Besitz. Doch 1609 fand diese Herrlichkeit durch das Erlöschen des Herzogsgeschlechts ein Ende. Kleve kam 1614 zu Brandenburg und – wiederum zu neuer Blüte. Als dritte Hauptstadt Brandenburgs (Preußens), neben Berlin und Königsberg, wuchs Kleve in eine Eigenständigkeit, die auch heute noch in seinen Bürgern nachwirkt.

Der bedeutendste brandenburgisch/preußische Statthalter lebte in der zweiten Hälfte des 17. Jahrhunderts. Er hieß Johann Moritz von Nassau und war und ist eine Symbolfigur für deutsch-niederländische Gemeinsamkeiten. Die Bundeswehrkaserne in Emmerich trägt beziehungsvoll seinen Namen. Er machte Kleve zu einer blühenden Residenz, mit Alleen, Teichen, Wasserspielen, Aussichtspunkten, schmucken Gartenanlagen und einem Tiergarten. Noch heute ist dieses grüne Areal ein touristisches Schmuckstück der Stadt.

Und noch einmal gab es einen Höhepunkt: Aus einer Mineralquelle sprudelte sich die Stadt zum ›Bad Cleve‹ empor. Hohe Herren und feine Damen flanierten im 18. und 19. Jahrhundert mit dem berühmten Glas in der Hand. Doch mit dem Ausbruch des Ersten Weltkriegs erlosch der Kurbetrieb.

1822 verlor Kleve seinen Rang als Bezirkshauptstadt an Düsseldof, seitdem träumt es im Schatten der Welt- (und rheinischen) Geschichte von alten Zeiten. Heute ist es Kreisstadt, Verwaltungsmittelpunkt einer Städtelandschaft, die von Emmerich über Rees bis hin nach Kalkar, Geldern, Aldekerk und Wachtendonk reicht. Doch Kleve hat nicht nur politische, sondern auch Wirtschaftsgeschichte gemacht. Die Klever Schüsterke sind so bekannt wie die Düsseldorfer Radschläger. Aus den ärmlichen ›Schloffenschustern‹ entwickelte sich eine weltweite Schuhindustrie, »ohne Schüsterke kann Kleff niet leve«. Das hat schon Napoleon gewußt, auf dessen Spuren wir am Niederrhein überall stoßen. Die Klever Schuhmacher waren ihm wichtige Heereslieferanten – bis seine Armee auch ohne Klever Schuhe das Laufen lernte. Kleves kulturelle Beziehungen zum niederländischen Nachbarn sind beispielhaft im ›Haus Koekkoek‹ zu besichtigen. Der niederländische Maler Barend Koekkoek (1803–1862) war auch der Gründer einer Schule romantischer Landschaftsmalerei. Es war daher sinnvoll, sein Wohnhaus als Gebäude für das Städtische Museum zu bestimmen.

Kleve und sein Umland haben es heute schwer, sich gegen die Polarisierung der Wirtschaft zwischen Duisburg und Krefeld zu behaupten. Die Gefahr, ins Niemandsland, in die Ecke »linker unterer Niederrhein, direkt an der Grenze« abzurutschen, ist immer gegenwärtig.

Ein kurzer Sprung über den Rhein führt uns in das liebenswürdige Städtchen Emmerich mit einer der schönsten Rheinpromenaden am Niederrhein. Die Emmericher leben mit den Klevern in freundschaftlicher Spannung. Sie haben es listig zu vermeiden gewußt, daß die Mitte der sechziger Jahre erbaute neue Rheinbrücke einen beide Städte verbindenden Namen erhielt. Aber zugegeben: ›Klemmericher‹-Brücke, dieser Namensulk war wohl ohnehin nicht ernst gemeint. Die Emmericher bleiben stets auf der Hut, nicht der Anziehungskraft des nahen Kleve zu erliegen.

Eine Symbolfigur für solche Standhaftigkeit lebte im Mittelalter: der Bauer Weel. Ein kolossaler Kerl, wie der Chronist 1519 ehrfurchtsvoll schreibt, »von Kopf bis Fuß bewaffnet, sein Kopf mit einem eisernen Kessel umstülpt statt eines Helms«. Dergestalt stand er auf der Stadtmauer. Draußen vor dem Tor begehrte »de groote Pier«, ein ehemaliger friesischer Seeräuber, mit seiner Horde, jetzt im Dienste des Herzogs von Geldern, Einlaß. Bauer Weel erhob ein Riesengeschrei und machte solch einen Lärm, daß die Feinde Reißaus nahmen.

Die Emmericher haben manchen aufs Haupt und in die Flucht geschlagen, aber sie haben auch das Schicksal aller niederrheinischen Städte erlitten: Feuersbrünste, Mord, Raub, Religionswirren – bis hin zu jenem 7. Oktober 1944, da der Stadt in der dunkelsten Stunde ihrer Geschichte dasselbe Leid wie der Nachbarstadt Kleve widerfuhr. Im Bombenhagel gingen 97 Prozent aller Gebäude unter. Hunderte von Menschen starben, Tausende wurden verwundet.

Heute ist Emmerich wieder das, was man ein schmuckes Städtchen nennt, voller Wirtschaftskraft. Nahebei, kürzlich eingemeindet, liegt Elten, das sich die Niederländer nach dem Zweiten Weltkrieg kurzerhand einverleibt hatten, aber 1963 wieder herausgaben. Vom Eltener Berg grüßt die Stiftskirche weit ins Tal, mit Drususbrunnen und Wanderwegen. Nebenan, schon in den Niederlanden, in ’s Heerenberg, die Feste ›Huis Bergh‹, eine der reizvollsten Schloßanlagen des Niederrheins.

Doch kehren wir noch einmal zurück nach Kleve, um einen kurzen Abstecher in den Reichswald zu machen. Er ist heute mit 5100 Hektar die größte zusammenhängende Waldfläche des Landes Nordrhein-Westfalen, durchwoben mit einem Netz von Wanderwegen, mit Waldlehrpfad, Wildgehege, Quellen, Teichen und Aussichtstürmen. Noch immer sind mehr als tausend Hektar dieses Waldgebiets mit Granatsplittern durchsetzt – Zeugnisse des erbitterten Ringens am Ende des letzten Krieges. Der englische Soldatenfriedhof bei Nierswalde und der deutsche Ehrenfriedhof bei Donsbrüggen lassen uns still werden und vermitteln kalte Einsamkeit, Zorn – und Demut.

Der Reichswald war in den vergangenen Jahrhunderten ein schier unerschöpfliches Areal. Rodungen schlugen tiefe Breschen. Im Jahre 1266 verbot ein Schiedsgericht zwischen den Klever und den Geldener Herren »jegliches Roden im Reichswald«. Im 18. Jahrhundert wuchsen auf seinem Grund Emigrantendörfer, als die Glaubensflüchtlinge aus Pfalz-Simmern hier, in Pfalzdorf, eine neue Wohnstätte fanden. Auf diese Weise entstand auch im 19. Jahrhundert Louisendorf. Viele Ostvertriebene des Zweiten Weltkrieges erhielten auf Kosten des Reichswaldes hier neues Siedlungsland. In den Jahren 1948–1952 entstanden die Dörfer Nierswalde und Reichswalde.

Heute ist Roden wieder verboten. Die Menschen leben mit ihren Geboten und Verboten, erneuern sie, verwerfen sie und sind der Erfahrung unterworfen, daß Not kein Gebot kennt. Der Reichswald hat diese Lebensregel immer wieder erleiden müssen.

Auf der Wiese den zwölften Offizier gesucht

Wer ›Wesel‹ sagt oder denkt, dem fallen sofort zwei völlig verschiedene Bezüge ein: die Schillschen Offiziere und der Echoruf. »Wie heißt der Bürgermeister von W-Esel?« Die Weseler litten lange Zeit unter diesem Scherz, allen voran der Bürgermeister. Doch vor einigen Jahren machten sie und er aus der Eselsnot eine Tugend und stifteten einen Eselsorden – ähnlich dem Aachener ›Orden wider den tierischen Ernst‹. Sie verleihen ihn alljährlich an Persönlichkeiten, die sich um eine Eselei mit oder in der Stadt verdient gemacht haben. Auch ein Minister, inzwischen a. D., trägt bereits diesen Orden.

Mit den Schillschen Offizieren sind die Weseler nicht so einfach fertig geworden. Ein kurzer Blick ins Schulbuch: Ferdinand von Schill kämpfte 1809 als Freikorpsführer auf eigene Faust mit seinem Husarenregiment gegen den Franzosenkaiser Napoleon. Er fiel beim Straßenkampf in Stralsund. Elf seiner Offiziere wurden auf Befehl Napoleons nach Wesel in die Kasematten geschleppt; 550 Schillsche Husaren (von ihrem Schicksal wird leider kaum etwas berichtet) verschwanden auf französischen Galeeren. Die elf Offiziere wurden auf der späteren Schillwiese am Rande der Stadt erschossen. Dort steht jetzt ein Denkmal, symbolhaft abseits der Stadt. Ein ›Denk‹-Mal auch an preußische Vergangenheit, über deren Steine die Weseler heute noch auf Schritt und Tritt stolpern.

Prachtvolles äußeres Zeichen dieser einstmaligen Zugehörigkeit zu Preußen ist das Berliner Tor, ein vom Berliner Hofbaumeister Jan de Bodt unter dem Soldatenkönig Friedrich Wilhelm I. in der Zeit von 1718–1722 errichtetes doppelflügliges Monumental-Tor, von dem heute nur noch das mächtige Mittelstück steht. Fast hätten die Weseler im Jahre 1890 auch dieses Restbauwerk abgerissen – die Weseler von heute packt kaltes Entsetzen, wenn sie an diese Beinahe-Sünde ihrer Vorfahren denken.

Wesel war durch seine hervorragende strategische und wirtschaftspolitische Lage an der Mündung der Lippe in den Rhein immer in der besonderen Aufmerksamkeit seines jeweiligen Territorialherren – und dessen Feinde. Die Stadtchronik berichtet, daß Wesel schon eine christliche Siedlung war, als der heilige Bonifatius anno 775 von den Friesen bei Dokkum mit Knüppeln erschlagen wurde. Um 700 hatte der heilige Willibrord das Dörfchen Wesel bereits christianisiert, die nach ihm benannte Willibrordikirche ragt weit in die niederrheinische Landschaft.

Wesel ist eine der ältesten und bedeutendsten Städte des Niederrheins. Wie in Kalkar blieb auch hier durch eine gütige Laune der Geschichte das Stadtarchiv erhalten. Es zählt heute zu den umfangreichsten und wertvollsten des Landes. In seinen Bänden steht der mittelalterliche, inzwischen längst verblichene Ruhm dieser Stadt verzeichnet, zum Beispiel die Hochblüte im 15./16. Jahrhundert, als Wesel mit seinen Malern, Bildschnitzern, Tuchmachern und Druckern europäischen Rang hatte. Selbst als nach harten Kriegs- und Besatzungsjahren der Niedergang der alten Hansestadt besiegelt war, dichtete Magister Kayser in seinem Parnaß noch:

> »Ob Cleve gleich das Haupt, ist Wesel doch das Herz
> In diesem Herzogthum, drum ist es auch umgeben
> Mit einer starken Brust; man sieht es wieder leben
> Durch reiche Nahrungs-Kraft nach überstand'nem Schmerz.«

Wesel ehrt jedoch nicht nur den heiligen Willibrord, es vergißt auch die Tat eines anderen Mannes nicht: Peter Mölder. Es war wieder einmal Krieg am Niederrhein, man schrieb das Jahr 1629. In Wesel saßen die Spanier, vor den Toren die Niederländer. Da tat sich Peter Mölder mit seinem Bruder Dietrich und seinem Schwager Johann Rohleer zusammen, sie schmiedeten einen Riesenhammer und schlugen damit in einer stürmischen Nacht ein Loch in die Palisaden. Von den Besatzern unbemerkt, schlichen die draußen wartenden Niederländer in die Stadt – Wesel war befreit. Die Befreiung Wesels von den Spaniern war ein Ereignis von europäischer Bedeutung, mit ihr wurde der Rückzug Spaniens aus deutschen Landen eingeleitet. Der ›Mölderplatz‹ ehrt heute jenen Mann, der es möglich machte. Ein anderes Denkmal schlägt die Brücke zu New York. Es erinnert ebenfalls an einen großen Sohn der Stadt: an Peter Minuit. Er kaufte 1626 Manhattan den Indianern ab, dies war die Geburtsstunde der Weltstadt New York.

Wesel lebt von seiner Geschichte, wenngleich es heute keine Geschichte mehr macht. Es hat seine Geschichte überlebt, auch die Jahrhunderte, da es trutzige Garnisonstadt der Preußen war. Heute erinnert die Schillkaserne der Bundeswehr in Blumenkamp mit den Raketenartilleriesoldaten noch ein wenig an Glanz und Gloria; innere Zusammenhänge verstecken sich hinter den hier aufbewahrten Traditionsfahnen der alten Regimenter. Wesel ist dabei, seine historischen Erinnerungen aufzuputzen. Die Kasematten werden restauriert, ein Schillmuseum entsteht. Rund um das Schilldenkmal halten manche junge Weselaner (Eingeborene), Weseler (Zugereiste), Weselinskis (aus den Ostgebieten Zugereiste) und Weselele (aus Schwaben Eingereiste) die Tradition in ganz besonderer Weise wach. Sie schlendern nächtens, in den Tanzpausen, von der Tent, dem Schützenhaus (Niederrheinhalle), auf die nahe Schillwiese zu, um dort – wie es verständnisinnig heißt – »den zwölften Schillschen Offizier zu suchen«.

Wesel trägt den ehrenvollen Beinamen Vesalia hospitalis. Diesen Beinamen erwarben sich die Weseler Mitte des 16. Jahrhunderts, als sie wallonische, flämische und englische Glaubensflüchtlinge in ihren Mauern aufnahmen, trotz der damit verbundenen äußeren Gefahren und Bedrängnisse. Der Ruf der besonderen Gastlichkeit hat sich gehalten, er ist aber mehr moralischer Anspruch als praktizierte Wirklichkeit geworden.

Im Feuersturm ging das schönste Rathaus des Niederrheins (am Großen Markt) mit unter; die Weseler bauten sich ein neues, rissen es 1971 wieder ab, setzten hanseatisch ein Kaufhaus auf diesen Platz. Die Stadtverwaltung und der Rat residieren heute in einem eigenwilligen Backsteinbau, dessen architektonische Linien Wesels Zuwendung zur neuen Zeit symbolisieren. 1975 wurde die alte Kreisstadt Wesel Namensgeberin für einen neuen Großkreis, zum Leidwesen seiner Nachbarn Moers und Dinslaken, die ihre kommunale Sonderstellung, Kreisstadt zu sein, an Wesel verloren. Mit Schloß Diersfordt, dem Diersfordter Wald, mit dem Auesee (an dem an heißen Sommertagen bis zu 50 000 Besucher lagern), dem Kulturzentrum Haus Esselt und den ständigen Ausstellungen im dortigen Pankok-Museum kann Wesel sich stolz an die Brust klopfen: Wir sind wieder wer am Niederrhein!

Ein Maultier, die Feuerwehr und ›Heil Dir im Siegerkranz‹

Wenn – ja, wenn die Menschen nur Geschichte statt immer wieder schlimme Geschichten gemacht hätten, dann wäre Dinslaken heute – vielleicht – ein schmuckes Rothenburg, eine touristische Attraktion mit Burg, Stadtmauern, deftig-historischen Gaststätten, trauten Gassen und kräftiger Folklore. Aber seit dem Tag, da Mathilde Gräfin von Kleve im Jahre 1310 ihr Maultier sattelte, aus dem Tor der Klever Schwanenburg ritt und über den Rhein zog, um die kleine Herrlichkeit Dinslaken »mit einigen Gerichten« zu übernehmen und damit den letzten Willen ihres (Gott hab' ihn selig) gräflichen Herrn Gemahls zu erfüllen, kamen Feuer, Pest und Kriegsgreuel über Stadt und Land an Emscher und Lippe. Kaum ein Stein blieb auf dem andern, und die Menschen darbten, litten und starben – wie überall am Niederrhein.

Nach dem Ersten Weltkrieg, als sich andere Landstriche langsam wieder von Not und Tod erholten, tobte hier noch die Bürgerkriegsschlacht zwischen der Roten Armee (den kommunistischen Truppen) und der Reichswehr. »Auf der Bundesstraße 8 zwischen Dinslaken und Wesel spielten sich grausame Szenen ab« – so erinnert sich der Stadtschreiber.

Aber auch jenes Brandunglück einer Aprilnacht im Jahre 1909 steht unauslöschlich in den Annalen. Soeben war das Kastell in ein Kreishaus umgebaut worden, erwartungsfroh schickte sich Landrat von Wülfing mit seiner Familie an, in das neue Domizil einzuziehen. Doch gegen fünf Uhr morgens gellten die Hörner der Feuerwehr durch die stillen Straßen. Das Kastell brannte, neue Möbel und riesige Aktenstapel wurden ein Raub der Flammen. Nur die Grundmauern des Kreishauses blieben erhalten. Die Chronik vermerkt bissig-ironisch: »Als die ersten Wehren am 7. April morgens wieder abzogen, trafen sie auf die anrückende Regimentskapelle aus Wesel, die gekommen war, um zum Einzug ›Heil Dir im Siegerkranz‹ zu spielen...«

Dinslaken verlor 1975 seine Kreisstadtfunktion und damit einen wichtigen Status an Wesel – es ist dieser Stadt dennoch ein verläßlicher, friedfertiger, sympathisch verbundener Nachbar geworden. Das Heimatmuseum im Voßwinkelhof beherbergt einige Zeugnisse des Werdens dieser Stadt, sowie manch volkskundliches Stück vom Niederrhein. Auch das alte Stadttor, das Burgtheater und die Stadthalle laden zum Besuch ein. Vom nahen Götterswickerham aus, einem idealen Treffpunkt zum Kaffeetrinken, schauen wir dem gemächlichen Gleiten der Schiffe zu. Die Nachbarorte Voerde und Hünxe gefallen mit schönen Herrenhäusern und Wasserschlössern (zum Beispiel Haus Voerde, Haus Schwarzenstein und Haus Gartrop). Allein Hünxe bietet in 33 Routen 142 Kilometer Wanderwege. Das Ruhrgebiet ist hier noch fern. Kein Rothenburg ist hier zu finden, doch auch kein ›Hamborn‹. Ein Ländchen im Grünen zum Durchatmen.

Dieses Ländchen heißt hier ›Naturpark Hohe Mark‹, der den Hünxerwald und den Dämmer Wald mit einschließt und bis ins Westfälische hineinreicht. Er ist neben dem Schwalm-Nette-Gebiet und dem Reichswald bei Kleve das dritte große Erholungsgebiet am Niederrhein, eine »Insel der fröhlichen Faulheit«, wie die Touristik-Offiziellen das Erholungs- und Freizeitland beiderseits der letzten hundert Kilometer des Rheins auf deutschem Boden nennen. Aus dem nahen Raesfeld grüßt eine der schönsten westfälischen Wasserburgen herüber, hier verknüpft sich die Geschichte beider Landesteile. Wir machen Rast auf der sonnigen Terrasse am Raesfelder Schloßburgweiher – hier waren einst der Große Kurfürst, General Tilly und Feldmarschall Piccolomini zu Gast.

Das stählerne Werben um den Niederrhein

Sie sagt zu allen ›DU‹ und hat das Kürzel auf dem Autokennzeichen in mehrfacher Weise in die Werbung für sich selbst mit eingebunden – zum Beispiel in die Selbstbewertung »DU (b)ist wer!« und in ein Feuerwerkprogramm von DU-Tagen. DU, das soll nicht plump vertraulich sein, eher kumpelhaftes Auf-die-Schulter-klopfen: Wir verstehen uns, Anton, nicht wahr?

Wir sind im Ruhrgebiet. In Duisburg. In der Stadt mit den stählernen Giganten, der Dunstglocke und den großflächigen grünen Freizeitparks. Aber unter dieser Dunstglocke lugt Liebenswürdigkeit hervor. Die Stadt ist sympathisch geblieben – trotz großer aktueller Sorgen. Duisburg hat eine offensive Liebe zum Niederrhein, denn er liefert Arbeitskräfte, Industrieflächen und Kunden. Hier, wo die Ruhr in den Rhein fließt, überschneiden sich drei Regionen: die Rheinschiene als die wichtigste europäische Verkehrsachse, das Ruhrgebiet als Zentrum der deutschen Montanindustrie und die Region nördlicher Niederrhein als Anschlußraum an die Niederlande.

Auch Duisburg war einmal eine hübsche kleine Bürgerstadt, wovon das schöne Rathaus, der Burgplatz und die Salvatorkirche – neben der Weseler Willibrordikirche die bedeutendste spätgotische Kirche am Niederrhein – noch zeugen. Pfeffergasse, Flachsmarkt, Knüppelmarkt, Weinhausmarkt, städtische Tuchhalle, Fleischhalle, öffentliche Waage – es gab damals ein Stückchen ›Nürnberg‹ am Niederrhein. Es geht die Kunde, daß 1173 Kaiser Barbarossa bereits einen großen Tuchmarkt für die flandrischen Kaufleute abhalten ließ, um die Vormachtstellung der Kölner zu schwächen.

Im 9. Jahrhundert wuchs auf dem noch ›unentdeckten Boden‹ eine karolingische Königspfalz als Vorposten gegen die Sachsen. 925 melden die Urkunden die erste Reichsversammlung, seitdem gehört das Rheinland, der Niederrhein, zum deutschen

Kaiserreich. Um 1200 ›verließ‹ der Rhein das Städtchen und suchte sich ein neues Flußbett, die Folgen für die Wirtschaft sind bekannt. 1290 verpfändete Rudolf von Habsburg Duisburg an Dietrich von Kleve. Die Reste der alten Wasserburg Haus Angerfort, Grenzfeste gegen Kleve, künden von mittelalterlichem Waffengeklirr und Kriegsgeschrei. Bis 1668 war Duisburg Mitglied der Hanse; 1655 hatte der Große Kurfürst eine Universität gegründet, sie existierte bis 1818. Seit 1972 hat Duisburg wieder eine Gesamthochschule und darf sich Universitätsstadt nennen.

Duisburg, die bürgerliche Handelsstadt, war viele Jahrhunderte lang ahnungslos, was da in seinem Boden an Schätzen schlummerte; vergleichbar mit einem ehrbaren Kaufmann, der sich recht und schlecht durchs Leben schlägt und nichts davon weiß, daß in seinem Keller Millionen vergraben liegen. Der Rhein hält das Rheingold der Nibelungensage immer noch verborgen, die Ruhr jedoch gab das erste schwarze Gold, die Steinkohle, bereits im 12. Jahrhundert frei. Doch die Menschen wußten mit den brennbaren schwarzen Steinen wenig anzufangen. 1758 entstand an den Ufern der Ruhr die erste Roheisenfabrik, nach 1800 der erste Tiefschacht und der erste Hochofen. Ende 1850 hatte die Stadt an der Ruhrmündung erst knapp 12 000 Einwohner.

Die explosive Expansion der Wirtschaftskraft des Ruhrgebiets verwandelte das beschaulich einer ungewissen Zukunft entgegenträumende Duisburg binnen eines Jahrhunderts in eine Stadt von der Größe Düsseldorfs. Duisburg wuchs und wuchs. 1905 wurde Ruhrort mit Beeck, Laar und Meiderich eingegliedert: 195 000 Einwohner. 1929 kamen Hamborn und einige südliche Gemeinden hinzu: 442 000 Einwohner. 1975 wurden Walsum, Homberg und Rheinhausen eingemeindet: 602000 Einwohner. Doch dann hat Merkur jäh gestoppt. Stagnierende Bevölkerungszahlen und sinkende Umsatzzahlen durch die Flaute auf dem Stahlmarkt plus Stadtflucht der Menschen in die benachbarten Kreise Wesel und Mettmann, wo sich's besser wohnen läßt, ließen die Einwohnerzahl die 600 000-Marke wieder unterschreiten. Tiefe Sorgenfalten gruben sich in das Antlitz der Stadt. Sie muß und will die vom Ruß überlagerte Tradition mit einem grünen Schleier neuer Hoffnung überdecken.

»Wir sind zu krisenanfällig. Wenn die Stahlindustrie den Schnupfen kriegt, droht den städtischen Finanzen der Kollaps« – auf diese einfache Formel bringt man im Rathaus das Problem. Noch immer (und noch lange) ist Duisburg die größte Stahlstadt Europas, mehr als 40 Prozent des bundesdeutschen Rohstahls werden hier produziert. Hier sitzen und werken die größten deutschen Unternehmen: Thyssen, Mannesmann, Klöckner (nur Verwaltung), Krupp. Hier arbeiten drei große Hüttenwerke. Die Stadt hat den größten Binnenhafen der Welt, der mit mehr als 60 Millionen Tonnen Jahresumschlag selbst Hamburg überflügelt.

Also doch nur eine Stadt der harten Arbeit, des Stahls, der Kohle? Duisburg kämpft gegen das Image, wichtigste Stadt im ›Ruß-Land‹ zu sein, es streitet wacker gegen diese Dunstglocke des (Vor)Urteils – und gegen den Vorwurf, sich immer mehr in die grüne Niederrheinlandschaft hineinfressen zu wollen. Das ›Ruhrgebiet‹ reicht bereits bis nach Moers und Dinslaken. Mag der Verwaltungschef auch gegen ›kleingläubiges Ortsdenken‹ der Nachbarn wettern und ein (Duisburg nützliches) ›gemeinschaftliches Regionaldenken‹ fordern: Duisburg gehört zwar zum Niederrhein, der Niederrhein empfindet sich aber nicht ohne weiteres als zu Duisburg gehörig.

Dieses Wechselspiel der gegenseitigen Beziehungen, dieses Werben und Abwehren ist in allen wirtschaftlichen und politischen Bereichen zu spüren. Die ›Großregion Duisburg‹ fühlt sich zuständig bis in den Raum Kleve hinein. Fast werden wir wieder an die Auseinandersetzungen der Römer und Germanen am Niederrhein erinnert, an Brückenköpfe diesseits und jenseits des Rheins, an das Suchen nach Verbündeten, an Verträge und Schlachten um Territorien. Es geht um Absatzmärkte, Arbeitskräfte und Einkaufspotential, nicht mehr um Gebietsgewinn und Throne. Oder doch?

Duisburg wirbt um seine Nachbarn und tut viel für sich selbst. Die alte Reichstadt, einst eine reiche Stadt, ist heute nur noch reich an Sorgen. »Uns reichts«, sagten sich die Stadtväter schon vor vielen Jahren und durchsetzten die triste Industrielandschaft (endlich) mit grünen Zonen für Sport, Spiel und Erholung. Im Sommer 1979 wurde im Norden der Stadt nachgeholt, was im mehr wohnlichen Süden schon Wirklichkeit war: Es entstand einer der größten Freizeitparks des Ruhrgebietes, der Revierpark Mattlerbusch, der sechste im grünen Kranz der Ruhrparks (neben Bottrop, Gelsenkirchen,

Essen, Herne und Dortmund). Sechsseenplatte, größter niederrheinischer Zoo mit fast 3000 Tieren, Sportplatz Wedau, Volkspark Rheinhausen, Baerler Busch, Toeppersee – das sind die grünen Trumpfkarten der Stadt im Spiel um die Gunst des Umlandes und der eigenen Bürger. Ein aufwendiges, breitgefächertes Verkehrsnetz (Spaghettiknoten, vier Autobahnen) bindet die Stadt in die Region ein. Ein anspruchsvolles und den Kunstfreund verwöhnendes kulturelles Angebot mit Lehmbruck-Museum, Niederrheinischem Museum sowie einer gut funktionierenden Operngemeinschaft mit Düsseldorf heben die Duisburger in die Sphären einer musisch ambitionierten Gesellschaft.

In der Innenstadt entstehen eine neue Königstraße, von einigen bereits›Kö‹ genannt, ein U-Bahn-Netz und neue Einkaufsstraßen. »Wir müssen und werden die Stadt wieder für die Menschen zurückgewinnen«, verspricht der Oberbürgermeister und faßt diese Hoffnung in den Satz: »Mit Sinn für geschichtliche Zusammenhänge, mit Skepsis gegenüber Utopien, aber Aufgeschlossenheit für das Neue«. Und fügt hinzu: »Der rechte Winkel ist ein Maß und kein Glaubensbekenntnis«. Was immer auch damit gemeint sein mag.

Zum Schluß eine Liebeserklärung

Wir sind am Ende unseres Weges durch das Land am Niederrhein. Lassen Sie uns am Ausgangspunkt unserer Reise, im Park von Burg Linn, auf einer Bank ein wenig verschnaufen. Mir geht ein Satz des Weseler Literaten Dr. Rotthauwe gen. Löns durch den Sinn: »Geschichte sollte man eigentlich mit dem Bleistift schreiben, weil zu oft radiert werden muß«. Auch die niederrheinische Geschichte ist eine Sammlung solchen Radierens. Das Bild vom Gestern setzt sich aus den Erkenntnissen des Heute zusammen, die morgen schon wieder korrigiert werden können. Denn alles ist relativ. Als ich den Historiker und Archäologen Dr. Rüger (Bonn) einmal fragte, wie denn die Lebensphilosophie eines Mannes laute, der sich beruflich fast ausschließlich mit Vergangenem zu befassen habe, lächelte er und meinte: »Alles ist noch relativer«.

Der Spannungsbogen unserer Lebenserfahrungen ruht auf den Pfeilern des Gestern und Morgen, der Jugend, des Alters. 1556 entrang sich einem gewissen Matthias Bredenbach, Lehrer und Rektor am Emmericher Gymnasium, ein ellenlanger Seufzer: »Die Leute erziehen ihre Kinder schlecht, so daß die armen Schulmeister, sobald sie diese in den Unterricht bekommen, sofort einsehen, daß sie es nicht mit sittsamen Knaben zu tun haben, die durch das Studium und richtige Anschauungen über göttliche und menschliche Dinge zum Nutzen der Christenheit erzogen werden können, sondern daß sie eher wilden Tieren gleichen, die nicht mehr nur mit Worten und Schlägen zu bändigen sind, sondern nur mit schweren Haftstrafen…« – Sehen Sie, das ist es, was ich meine: Alles ist relativ.

Freuen wir uns unseres Daseins, unseres Wohlstandes. Und wenn den einen oder anderen doch mal der Übermut zwackt, möge er sich des Schicksals seiner Vorfahren erinnern. Vielleicht waren es jene Bauern aus Brünen und Dingden, von denen eine Urkunde aus dem Jahre 1433 kündet, wem sie »gehörten«. »Noldeken Schopping ist zinspflichtig St. Peter in Brünen«, heißt es darin, »seine Kinder sind Hörige der Freikamer in Xanten. Heinrich Toelen, sein Bruder, seine Schwester und deren Kinder sind zinspflichtig dem Altar zu Vreden. Seine Frau der Kirche zu Ginderich. Werner Toelen ist Höriger der Herren von Kleve. Heinrich Piepers Frau und deren Kinder sind Hörige der Herren von Kapellen.«

Von unserer Bank aus hören wir das Rauschen des Verkehrs der nahen Autobahn. Tatsächlich, wir haben es weit gebracht. Wir sind inzwischen sogar Demokraten geworden, obwohl Immanuel Kant (1795) uns das nicht zutraute, »weil Menschen mit ihren selbstsüchtigen Neigungen einer Verfassung von so sublimer Form nicht fähig sind«. Aber auch Kant ist zu widerlegen. Churchill lieferte uns die moderne Form der Kantschen Bedenken, er sprach von der »zerbrechlichen Stärke der Demokratie« und verglich diese Staatsform mit einem Schiff, »das zwar nicht sinkt, dessen Besatzung aber ständig die Füße im Wasser hat«.

Mit diesem hoffnungsfrohen Bild von den künftigen Geschicken am Niederrhein verabschiede ich mich von Ihnen. Abschiednehmend gilt mein stiller Gruß auch dem schönsten Mädchen vom Niederrhein: Sie finden es am Dreifaltigkeitsaltar der Nicolaikirche zu Kalkar. Die bildschöne ›Miß Kalkar aller Zeiten‹ heißt Magdalena und wurde vor über 450 Jahren geschnitzt; früher nahm man an, von Heinrich Douvermann. Inzwischen haben sich die Historiker der Ansicht zugewandt, der Schnitzvater des schönen Mädchens sei Arnt van Tricht gewesen. Beinahe hätte ich Ihnen diese stille Liebe zu Magdalena verschwiegen.

Elten
Emmerich
Zyfflich
Schenkenschanz
Alter Rhein
Kranenburg
Rindern
Alter Rhein
Bocholt
Rhede
Borken
Kleve
Grieth
Wissel
Reichswald
Rees
Schloß Moyland
Naturpark Hohe Mark
Kalkar
Ringenberg
Bedburg-Hau
Hanselaer
Hamminkeln
Marienthal
Rhein
Gräfenthal
Marienbaum
Haus Balken
Goch
Bislich
Uedem
Xanten
Gartrop
Lippe
Forst Xanten
Wesel
Birten
Weeze
Wesel-Datteln-Kanal
Hünxe
Schloß Wissen
Sonsbeck
Bönninghardt
Voerde
Kevelaer
Alpen
Niers
Maas
Dinslaken
Bönninghardt
Schloß Haag
Rheinberg
Issum
Walsum
Bottrop
Geldern
Orsoy
Sterkrade
Walbeck
Osterfeld
NIEDERLANDE
Kamp-Lintfort
Hamborn
Rhein-Herne-Kanal
Vogelhm.
Ruhrort
Oberhausen
Bochold
Kerken
Neukirchen-
-Vluyn
Straelen
Moers
Styrum
Frohnhausen
Duisburg
Wachtendonk
Hochfeld
Mülheim an d. Ruhr
Broich
Venlo
Kempen
Buchholz
Ruhr
Rhein
Krickenbeck
Uerdingen
Breitscheid
Nettetal
Dorenburg
Grefrath
Krefeld
Burg Linn
Wittlaer
Naturpark Schwalm-Nette
Lobberich
Kalkum
Ratingen
Kaiserswerth
Niers
Viersen
Willich
Brüggen
Meerbusch
Dülken
Büderich
Düsseldorf
Schwalmtal
Kaarst
Gerresheim
Schloß Myllendonk
Niederkrüchten
Neuss
Neandertal
Mönchengladbach
Korschenbroich
Düssel
Schwalm
Schloß Rheydt
Rheydt
Liedberg
Erft
Benrath
Haus Horst
Wegberg
Altrhein
Kipshoven
Schloß Dyck
Stürzelberg
Wickrath
Hülchrath
Zons
Nievenheim
Erkelenz
Grevenbroich
0
5km
Heinsberg
Knechtsteden

1 Rheinpartie bei Neuss-Stürzelberg

3 Düsseldorf. Kricke-Plastik am Mannesmann-Hochhaus

◁ 2 Das moderne Düsseldorf

ASSEROLE an der Königsallee
BLACK ANGUS
Wiener Cafe

4. u. 5 Auf der ›Kö‹ in Düsseldorf

6 Tritonenbrunnen auf der ›Kö‹

7 Schloß Benrath im Frühling ▷

ALT-BIER
KNEIPE
DRY
ALT

8 u. 9 Impressionen aus der Düsseldorfer Altstadt

10 Radwanderung bei Kaiserswerth

11 Sommeridyll am Rhein bei Kaiserswerth

12 Königsparade beim Neusser Schützenfest

13 Neuss. St. Quirin im festlichen Flaggenschmuck

◁ 14 Aalschocker am Rhein bei Neuss-Stürzelberg

15 Schäfer auf dem Rheindamm bei Zons

16 Zons. Stadtmauer mit Windmühle

17 Wachthäuschen an der Stadtmauer in Zons

18 Winterlandschaft bei Zons

19 Schlittschuhläufer auf dem Altrhein bei Xanten

20 Schloß Dyck mit Brückenhaus

21 Wappen an der Toreinfahrt zu Schloß Dyck

22 Schloß Dyck

24 Schloß Rheydt. Historische Fassade

◁ 23 Wasserburg Schloß Rheydt

25 Fachwerkhäuser im alten Kempen

26 Der Vitusmarkt in Mönchengladbach ▷

Warsteiner
Pilsener

Haagstraße

28 Jagdschloß auf Burg Linn

◁ 27 Moers. Blick gegen das Schloß

Einfahrt

30 Fußgängerzone in Krefeld

◁ 29 Jugendstilhaus in Krefeld

31 Bei der Getreideernte

32 Kornfeld in Krefeld-Traar ▷

33 Duisburg

34 Duisburg. Plastik vor dem Wilhelm-Lehmbruck-Museum ▷

35 Industriestadt Duisburg. Rheinfront ▷ ▷

KUPFERHÜTTE

37 Abendstimmung bei Rheinberg

◁ 36 Stimmung im Orsoyer Land

38 Herbstliche Landschaft

40 Herbststimmung bei Alpen

◁ 39 Herbstnebel am Niederrhein

41 Herbstliche Weiden bei Büderich

42 Die Stare sammeln sich vor dem Abflug ins Winterquartier

43 Deich bei Wesel-Büderich

44 Kuhle bei Büderich

hald up die hant
wilt v nyet
suert in alre
namē
ghi
verliest
dat ewighe
guet

46 Ausschnitt aus Abb. 45

◁ 45 Derick Baegert. Gerichtsbild. 1493/94. Städt. Museum Wesel

48 Wesel mit der Willibrordikirche

◁ 47 Der Rhein bei Wesel

49 Der Rhein bei Wesel

51 Haus Coull in Straelen

◁ 50 Am Schloßgraben von Haus Coull in Straelen

53 Im Rosengarten von Schloß Kalbeck

◁ 52 Schloß Kalbeck bei Goch. Treppenaufgang

55 Gitter an der Gnadenkapelle in Kevelaer

◁ 54 Wasserburg Wissen bei Weeze

56 Wallfahrt nach Kevelaer

57 Das Gnadenbild von Kevelaer

58 Weiden bei Tönisvorst

59 Gehöft in der Nähe von Geldern

60 Goch. ›Haus zu den fünf Ringen‹

61 Stadttor in Goch ▷

RESTAURANT
VELTINS
P

62 Am Altrhein bei Xanten

63 Im Klever Land

64 Altrheinlandschaft

65 Sonnenuntergang in Xanten ▷

◁ 66 Die Silhouette von Xanten

67 Xanten. Stadtmühle und Klever Tor

69 Grabstein des Soldaten Marcinus vor dem Museum in Xanten

◁ 68 Xanten. Blick auf die Stadtmauer mit ehem. Kartäuserkloster und Viktordom

70 Xanten, Dom. Detail aus dem Marienaltar (um 1535) von Heinrich Douvermann

71 Kalkar. Johannes aus der Kreuzigungsgruppe in St. Nikolai

72 Kalkar. Detail vom Hochaltar in St. Nikolai ▷

73 u. 74 Kalkar, St. Nikolai. Jan Joest, Christus und die Samariterin. Außenflügel des Hochaltars. Um 1510

75 Das Rathaus in Kalkar

76 Kalkar, Hochaltar in St. Nikolai.
Jan Joest, Auferweckung des Lazarus (Detail).
Im Hintergrund das Kalkarer Rathaus ▷

78 u. 79 Fischer am Altrhein bei Xanten

◁ 77 Altrhein bei Xanten

◁ 80 Nach dem Gewitter. Der Rhein bei Rees

81 Der Rhein bei Grieth

82 Blick auf Grieth

83 Stadtmauer in Rees

84 Der Rhein nördlich von Rees

85 Abendstimmung am Niederrhein ▷

86 Altrhein bei Grietherort

◁ 87 Kuhle bei Bislich

89 Hinter dem Rheindeich bei Kleve ▷

88 Kuhle bei Praest

90 Der Wind streicht durch das Kornfeld

92 Bei Walsum

◁ 91 Weiden im Wind

93 u. 94 Haus Hueth bei Emmerich

95 Die Weiden erzählen . . .

96 . . . bizarre Geschichten

98 Blick auf die Schwanenburg in Kleve ▷

97 Kleines Herrenhaus in Kleve

99 Die Schwanenburg in Kleve

100 Weidelandschaft im Klever Land ▷

101 Winterlandschaft bei Rees

102 Die Fähre nach Schenkenschanz im Winter

103 Schloß Moyland bei Kalkar

104 Nebel auf den Weiden um Schloß Moyland

105 Emmerich ▷